Noureddine Kerzazi

Modélisation de processus de génie logiciel

Noureddine Kerzazi

Modélisation de processus de génie logiciel

DSL4SPM un outil de modélisation multiperspectives

Presses Académiques Francophones

Impressum / Mentions légales
Bibliografische Information der Deutschen Nationalbibliothek: Die Deutsche Nationalbibliothek verzeichnet diese Publikation in der Deutschen Nationalbibliografie; detaillierte bibliografische Daten sind im Internet über http://dnb.d-nb.de abrufbar.
Alle in diesem Buch genannten Marken und Produktnamen unterliegen warenzeichen-, marken- oder patentrechtlichem Schutz bzw. sind Warenzeichen oder eingetragene Warenzeichen der jeweiligen Inhaber. Die Wiedergabe von Marken, Produktnamen, Gebrauchsnamen, Handelsnamen, Warenbezeichnungen u.s.w. in diesem Werk berechtigt auch ohne besondere Kennzeichnung nicht zu der Annahme, dass solche Namen im Sinne der Warenzeichen- und Markenschutzgesetzgebung als frei zu betrachten wären und daher von jedermann benutzt werden dürften.

Information bibliographique publiée par la Deutsche Nationalbibliothek: La Deutsche Nationalbibliothek inscrit cette publication à la Deutsche Nationalbibliografie; des données bibliographiques détaillées sont disponibles sur internet à l'adresse http://dnb.d-nb.de.
Toutes marques et noms de produits mentionnés dans ce livre demeurent sous la protection des marques, des marques déposées et des brevets, et sont des marques ou des marques déposées de leurs détenteurs respectifs. L'utilisation des marques, noms de produits, noms communs, noms commerciaux, descriptions de produits, etc, même sans qu'ils soient mentionnés de façon particulière dans ce livre ne signifie en aucune façon que ces noms peuvent être utilisés sans restriction à l'égard de la législation pour la protection des marques et des marques déposées et pourraient donc être utilisés par quiconque.

Coverbild / Photo de couverture: www.ingimage.com

Verlag / Editeur:
Presses Académiques Francophones
ist ein Imprint der / est une marque déposée de
AV Akademikerverlag GmbH & Co. KG
Heinrich-Böcking-Str. 6-8, 66121 Saarbrücken, Deutschland / Allemagne
Email: info@presses-academiques.com

Herstellung: siehe letzte Seite /
Impression: voir la dernière page
ISBN: 978-3-8381-7453-2

Copyright / Droit d'auteur © 2012 AV Akademikerverlag GmbH & Co. KG
Alle Rechte vorbehalten. / Tous droits réservés. Saarbrücken 2012

MODÉLISATION DE PROCESSUS DE GÉNIE LOGICIEL

REMERCIEMENTS

Je dédie ce livre à mes enfants et ma conjointe. J'en profite pour remercier chaleureusement ma conjointe qui m'a supporté dans cette démarche.

TABLE DES MATIÈRES

4

LISTE DES TABLEAUX

LISTE DES FIGURES

LISTE DES ANNEXES

LISTE DES SIGLES ET ABRÉVIATIONS

DSL4SPM *Domain Specific Language for software Process Modeling*

GL   Génie logiciel

MP   Modèle de processus

SPEM   *Software Process Engineering Metamodel*

GC   Gestion des connaissances

PML   *Process Modeling Language*

AGP   Atelier de génie des processus

CAME   *Computer-Aided Method Engineering*

PCSE   *Process-Centered Software engineering*

DSL   *Domain Specific Language*

CC   Chemin Critique

SPI   *Software Process improvement*

CMMI   *Capability Maturity Model Integration.* Guide des bonnes
          pratiques pour les processus de développement

OCL   *Object Constraint Language*

CHAPITRE 1   INTRODUCTION

La littérature scientifique rapporte abondamment les cas de projets de développement logiciel qui débordent de leurs planifications, dépassent les ressources allouées et présentent une faible qualité. Les chercheurs et les praticiens essayent ensemble de résoudre cette « crise » du logiciel. L'amélioration des processus de développement est un des moyens fondamentaux pour améliorer la qualité du logiciel et atteindre une efficacité organisationnelle. La modélisation des processus est un des leviers de cette amélioration.

La modélisation des processus est une discipline du génie logiciel qui soutient la conception et la maintenance des processus[1]. Elle explicite les pratiques de développement pour pouvoir les étudier, les améliorer et les utiliser de manière répétable, gérable et possiblement automatisable. Les techniques de cette discipline ne cessent d'évoluer en passant des processus maison peu profonds et informels des années 1960 aux processus basés sur le paradigme orienté-objet.

L'évolution des langages de modélisation des processus (PML) est supportée par l'évolution des paradigmes[2] du génie logiciel. Alors que cette évolution des langages est clairement marquée au niveau de la syntaxe définissant les composants structurant les processus, elle est moins marquée sur le plan de la sémantique qui reste relativement abstraite et manque d'une description formelle clarifiant le sens et l'intention des modèles de processus. L'aspect

---

[1] L'auteur préfère le mot Processus à celui de Méthode (ou Procédé) pour souligner à la fois l'aspect statique et dynamique d'une approche de développement ou de maintenance du logiciel.
[2] Depuis la proposition de Leon Osterweil « *Software Processes are Software Too* », le domaine des processus à lui aussi ses propres paradigmes.

sémantique permettrait pourtant de considérer différentes préoccupations du gestionnaire d'un projet informatique selon des perspectives distinctes (ex. productivité, connaissances, risques, CMMI, etc.).

Ce livre propose un nouveau cadre de modélisation conceptuelle qui permet une description abstraite des processus, leur analyse et leur adaptation au contexte des projets à développer. Sur le plan théorique, un enrichissement sémantique a été proposé dans le but d'adresser plusieurs vues différentes (i.e., perspectives). Dans ce sens, une approche ontologique a été utilisée pour formaliser le concept de relations attribuées entre les composants structurant un modèle de processus. Sur le plan pratique, le livre propose un outil qui supporte la modélisation nommé : « *Domain-Specific-Language for Software Process Modeling* » (DSL4SPM). En plus de la perspective de modélisation orientée-Activités conforme au standard SPEM, l'outil DSL4SPM offre trois autres perspectives : Gestion des connaissances, simulation et alignement avec le corpus CMMI.

La première perspective concerne l'intégration de la gestion des connaissances dans la modélisation des processus. Le but étant de permettre une analyse d'un processus selon une vue de l'évolution des connaissances. L'idée consiste à utiliser des concepts de la théorie cognitive pour représenter, analyser et comparer l'ensemble des connaissances requises pour réaliser chaque tâche avec celles fournies par les rôles et les artéfacts. Le résultat est un tableau de bord qui évalue un type de risque, lié au manque de connaissances, souvent ignoré ou adressé sous le thème de 'mauvaise communication'.

La deuxième perspective se rapporte à la simulation d'un modèle de processus. Le but étant de simuler des variables stochastiques dans un modèle de processus pour analyser des scénarios au niveau conceptuel. L'idée consiste à utiliser une approche probabiliste notamment la méthode Monte-Carlo, pour analyser le chemin critique des tâches et l'impact de la durée de chaque tâche sur la durée globale du processus. Cette perspective démontre aussi la possibilité de réduire l'écart entre le domaine de la modélisation et celui de la simulation.

La troisième perspective se rapporte à l'alignement du modèle de processus avec le corpus des bonnes pratiques CMMI (*Capability Maturity Model Integration*). Le but est d'évaluer la maturité et l'aptitude du modèle de processus à atteindre les objectifs stratégiques prédéfinis par l'organisation. L'idée consiste à aligner les modèles de processus avec les pratiques CMMI.

Le contenu de ce livre apporte donc une réponse pratique aux besoins de la recherche dans le domaine de la modélisation des processus pour le génie logiciel en fournissant une nouvelle approche de modélisation. L'idée centrale est la conceptualisation des processus selon plusieurs perspectives. Une telle approche conceptuelle avec les trois nouvelles perspectives proposées, nous l'espérons, permettra la production de processus robustes, complets et mieux adaptés à la situation du projet à développer, ce qui contribuera, par conséquent, à l'amélioration de l'ingénierie du logiciel.

1.1 À propos de la modélisation des processus

Le domaine de l'ingénierie des processus et plus spécifiquement le domaine de la modélisation des processus de développement logiciel (*Software Process Modeling*) regroupe des disciplines de conceptualisation, de construction et d'adaptation de méthodes, de techniques et d'outils pour le développement des systèmes d'information (Brinkkemper, 1996). L'objectif principal de la modélisation des processus est d'expliciter les pratiques de développement pour pouvoir les étudier, les améliorer et les utiliser de manière répétable, gérable et éventuellement automatisable (Finkelstein *et al.*, 1994).

Nous commencerons par définir ce que nous entendons par les termes « *Processus de développement logiciel* »[3], « *modèle* », « *méta-modèle* » et « *modélisation* ». Paulk et al. définissent un processus de développement logiciel comme un ensemble d'activités, de méthodes, de pratiques et de transformations utilisées par des personnes pour développer et maintenir du logiciel et des produits associés (ex. les plans du projet, les documents de conception, le code source, les cas de tests et les guides usager) (Paulk *et al.*, 1993). Cette définition nous paraît très générale. Booch (1993) offre une définition qui nous rapproche plus de la notion de modèle de processus :

"*Une méthode d'ingénierie des systèmes est un processus rigoureux permettant de générer un ensemble de modèles qui décrit divers aspects d'un logiciel en cours de construction en utilisant une certaine notation bien définie*" (Booch, 1993).

Le concept de modèle fait référence à une abstraction, ou une représentation simplifiée, d'un système complexe réel ou conceptuel. Un modèle représente les caractéristiques du système qu'on souhaite étudier, prédire, modifier ou contrôler. Une importante caractéristique du modèle traite de sa cohérence qui se rapporte à sa conformité par rapport à un méta-modèle.

Un méta-modèle peut être défini comme étant un modèle pour modéliser un ensemble de modèles (Henderson-Sellers, 2007) ou comme une spécification

---

[3] Le terme « *Software Process* » est traduit par « *Processus de développement logiciel* » et inclut les processus de maintenance.

(i.e., un ensemble de déclarations) pour l'expression d'une classe de modèles valides (Seidewitz, 2003).

Pour décrire un modèle de processus (MP), on utilise un langage de modélisation des processus (LMP) conforme à un méta-modèle. Les LMP ont donc pour objectifs de définir, d'analyser et d'améliorer un MP qui, à son tour, permet de guider et supporter une approche de production de logiciel. Ils se caractérisent par une syntaxe et une sémantique. La syntaxe se concentre sur le style et la notation pour décrire le contenu, alors que la sémantique se concentre sur le sens (i.e., signification) de la construction syntaxique.

Étant donné qu'un modèle représente une abstraction de la réalité, cette représentation doit être conforme à un méta-modèle. La relation de « *conformité* » d'un modèle par rapport à un méta-modèle assure la cohérence d'un point de vue théorique. Pour mieux comprendre la hiérarchie de conformité et les niveaux d'abstraction, nous adoptons le point de vue de l'OMG[4]. L'OMG définit quatre niveaux d'abstraction comme l'illustre la Figure 1.1. Le niveau M_0 représente le monde concret (ex. Artéfacts, code source, etc.). Le niveau M_1 décrit les modèles qui représentent, de façon abstraite, le monde réel (ex. diagramme de classe, gabarit d'un document de spécification, etc.). Le niveau M_2, à son tour, définit les méta-modèles à partir desquels les modèles du niveau M_1 sont créés (ex. notation UML, SPEM, etc.). Enfin, le niveau M_3, nommé Meta Object Facility (MOF) et connu comme étant le méta-méta-modèle, définit le dictionnaire des concepts et leurs associations utilisés ensemble pour produire un méta-modèle du niveau M_2.

---

[4] OMG : Object Management Group (http://www.omg.org/).

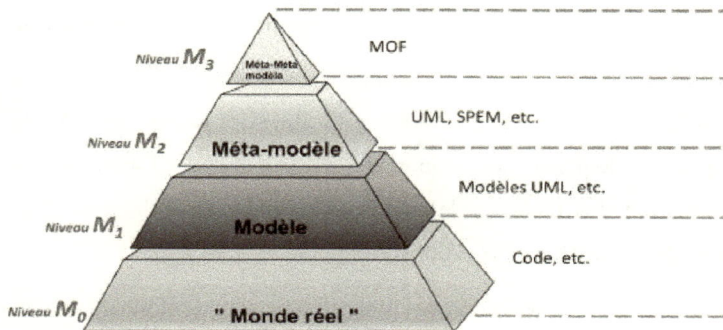

Figure 1.1: Les quatre niveaux de modélisation tels que définis par l'OMG

Le cadre que nous proposons dans ce livre se situe au niveau M_2. Il supporte la création des modèles de processus au niveau M_1.

Depuis la proposition de Leon Osterweil « *Software Processes are Software Too* » (Osterweil, 1997), plusieurs langages dédiés à la description des processus ont émergé. Cette discipline commence alors à créer ses propres bases théoriques. Selon (Rolland, 1998), un LMP peut être caractérisé de :

- Descriptif (*as-is* process) qui a pour objectif de comprendre et évaluer. C'est un point de vue descriptif d'un observateur externe qui observe la façon dont le processus est exécuté ;

- Prescriptif (*to-be* process) qui a pour objectif d'assister les intervenants dans la réalisation d'un produit. Ce type de processus établit les règles et fournit des guides à suivre pour atteindre une certaine performance ;

- Exposé qui a pour objectif de modéliser un processus en fournissant sa logique. Plusieurs actions sont explorées et évaluées avec une argumentation rationnelle ;

- Exécutable pour simuler ou générer automatiquement le code (Di Nitto *et al.*, 2002).

Les outils de support nommés « Atelier de génie des processus » (AGP)[5] sont des systèmes logiciels qui supportent la modélisation, l'automatisation et l'instanciation des modèles de processus pour le génie logiciel (Heym et Osterle, 1993; Arbaoui *et al.*, 2002).

L'ingénierie de la modélisation des processus peut être définie comme étant la conception et le développement des méthodologies destinées à la conception des processus qui guident le développement des systèmes d'information (Kumar et Welke, 1992). Dans ce contexte, la modélisation peut être guidée vers différentes perspectives afin de tenir compte des différentes préoccupations des ingénieurs des processus. Dowson énumère trois perspectives : orientée-Activité, orientée-Produit et orientée-Décision (Dowson, 1987). Par perspective, nous entendons la façon dont un processus est perçu. À titre d'exemple, un processus peut être perçu comme un ensemble ordonné d'activités réalisées par des rôles dans le but de produire des éléments[6] de travail (orientée-Activité) ; comme une accumulation de connaissances (orienté-Connaissances) ; ou tout simplement une planification de pratiques sur lesquelles on peut se baser pour analyser les risques (orientée-Risque). Dès lors, on peut discuter d'une ingénierie des processus Multi-perspectives qui utiliserait la structure d'un MP pour en produire plusieurs vues.

---

[5] Les acronymes AGP « Atelier de génie processus », PCSE « *Process-Centered Software Environments* » et CAME « *Computer Aided Method Engineering* » font tous référence aux outils de support pour la modélisation.
[6] Traduction libre de « *Work Product* ».

16

Il est largement reconnu dans le domaine de l'industrie du logiciel qu'un même processus n'est pas approprié pour tous les projets de développement logiciel (Kumar et Welke, 1992; Harmsen *et al.*, 1994; Harmsen *et al.*, 1994; Ralyte et Rolland, 2001; Prakash et Goyal, 2008). En effet, chaque processus est performant dans le contexte de projets pour lesquels il a été conçu. Les académiciens et les professionnels s'accordent pour confirmer qu'il est possible d'améliorer les chances de réussite d'un projet en personnalisant les composants du processus en fonction des facteurs[7] spécifiques du projet (Harmsen*, et al.*, 1994; Hofstede et Verhoef, 1997).

L'absence d'un cadre de modélisation conceptuelle pour le domaine des processus de développement logiciel implique une vision limitée des risques[8] liés au cycle de vie d'un projet informatique. L'approche qui consiste à décrire un processus de développement de façon textuelle révèle plusieurs problèmes dont notamment le manque d'une vision conceptuelle (Robillard *et al.*, 2007). Alors qu'une telle vision, idéalement supportée par un outil, faciliterait : *1)* la manipulation des composants d'un processus ; *2)* l'orientation d'un processus vers une préoccupation donnée (ex. connaissances, risques, etc.) et *3)* l'exportation du MP produit vers différentes plateformes (ex. Site Web informationnel, planification Ms Project, etc.).

1.2 Objectifs du livre

L'objectif principal de ce livre est de proposer un nouveau cadre de modélisation des processus pour le domaine du génie logiciel et d'en démontrer l'utilité avec la proposition de quatre perspectives originales. Ce

---

[7] Référencé dans la littérature sous le thème : *Situational Method Engineering* (SME).
[8] À tire d'exemple, quel serait l'impact de la non-disponibilité du client sur le site pour une approche agile (ex. XP, Scrum, etc.)?

cadre supporte plusieurs niveaux d'abstraction, étend la sémantique d'un modèle par le biais de perspectives et offre des mécanismes de validation de la cohérence. Ainsi, le livre vise les sous objectifs suivants :

1. Concevoir et implémenter un cadre de modélisation multi-perspectives dans le but de représenter et comprendre les différentes préoccupations dont doit tenir compte le concepteur d'un processus pour la situation spécifique de chaque projet logiciel. Nous considérons les perspectives suivantes :

   1.1. Orientée-Activités avec l'intention de modéliser l'ordonnancement des activités en utilisant les trois principaux composants : Rôles-Activités-Artéfacts.

   1.2. Orientée gestion des connaissances avec l'intention de modéliser les concepts de connaissance dans le but d'évaluer le risque lié au flux des connaissances.

   1.3. Orientée simulation avec l'intention de simuler certaines variables (ex. stochastique) d'un modèle de processus dans le but d'analyser, avec une méthode probabiliste, la criticité et la sensibilité de chaque tâche du processus.

   1.4. Orientée bonnes pratiques avec l'intention d'aligner les activités du processus avec le corpus CMMI dans le but de mesurer la capacité et l'aptitude.

2. Conforme au méta-modèle SPEM sur le plan de la syntaxe et riche au niveau sémantique par l'exploitation des relations attribuées entre les composants structurant (i.e., éléments SPEM) un modèle de processus. Ainsi, l'accent est mise plus sur l'aspect interaction entre les différents éléments que sur l'aspect structure du processus.

3. Les modèles de processus résultant de cette modélisation devront être :

   3.1. Cohérents : utilisation d'un moteur de règle pour valider la cohérence selon un arbre de règle prédéfini.

   3.2. Flexibles : suffisamment pour s'ajuster au fur et à mesure de l'évolution du projet.

   3.3. Exportables : vers d'autres plateformes (Site web, Ms Project, etc.)

1.3 Méthodologie

Pour la réalisation du cadre de modélisation, nous avons adopté une approche basée sur les points suivants :

Le standard « *Software & Systems Process Engineering Meta-model* » (SPEM 2.0) constitue une bonne référence de concepts pour structurer un processus. Toutefois, il a besoin d'être soutenu par une sémantique opérationnelle.

La sémantique d'un MP peut être améliorée en ajoutant de l'information dans les relations entre les différents éléments SPEM. Ces relations dépassent les limites du mécanisme de classificateurs qui découle d'UML. Par conséquent, le concept de relations attribuées peut être formalisé selon une vision ontologique adaptée au langage spécifique du domaine de la modélisation des processus.

Le concept de relations attribuées pourrait enrichir la sémantique d'un MP. En d'autres mots, il est possible de mettre de l'avant une approche de modélisation interactionniste en plus de l'approche structurationniste proposée par SPEM et ce, en focalisant sur les relations entre les différents éléments.

Il est possible de dresser différentes perspectives. Chaque perspective est basée sur un ensemble d'attributs répartis entre les éléments structurant et les relations. La combinaison de ces perspectives pourrait produire un modèle de processus intégré, consistant et complet.

Un cadre de conception graphique avec plusieurs niveaux d'abstraction peut améliorer la modélisation, la présentation et l'adaptation d'un MP pour la situation d'un projet.

L'implémentation de l'outil de modélisation comme plug-in d'un environnement de développement (IDE) rapproche le processus de ceux qui vont l'utiliser. Ceci pourrait simplifier la conception et assurer une certaine flexibilité de modification au fur et à mesure de l'évolution du projet.

Il est possible d'intégrer dans un modèle de processus la représentation du flux de connaissances, et ce, selon une approche cognitive. Cette représentation devrait améliorer notre vision des processus (i.e., leur qualité) et devrait aussi identifier les risques potentiels liés au manque de connaissances.

Un modèle de processus descriptif peut être simulé. Ce qui pourrait réduire l'écart entre les deux domaines : modélisation et simulation des processus.

1.4 Contributions

Notre contribution pour le domaine de la modélisation des processus s'inscrit sur plusieurs fronts. Premièrement, nous avons développé une nouvelle approche de modélisation de processus guidée par les modèles. L'idée centrale est d'offrir un cadre conceptuel pour représenter les processus de façon plus abstraite, en utilisant les modèles, dans le but de les exporter sur différentes plateformes. Nous proposons un nouveau cadre conceptuel multi-perspectives de modélisation des processus qui tient compte des préoccupations situationnelles d'un projet de développement logiciel. Ces perspectives permettent de rationaliser les prises de décisions et guider l'approche de modélisation vers des buts spécifiques. Initiées d'abord par Dawson (Dowson, 1987), puis mises de l'avant par (Curtis *et al.*, 1992), quatre perspectives de modélisation ont été recensées : Fonctionnelle pour la représentation des activités et les tâches à réaliser ; Comportementale pour représenter l'ordonnancement des activités ; organisationnelle pour décrire les rôles responsables de la réalisation des activités ; informationnelle pour décrire les entités d'information (artéfacts) manipulées dans un processus.

Plus concrètement, les contributions de ce livre se situent sur deux plans : ingénierie et scientifique. Sur le plan ingénierie, nous proposons un nouveau formalisme pour la modélisation des processus de génie logiciel. Ce formalisme améliore la qualité du méta-modèle en focalisant sur les relations entre les éléments structurant un MP. En se basant sur ce formalisme, nous avons conçu et implémenté l'outil DSL4SPM dédié à la modélisation des processus de génie logiciel sur la base d'une architecture modulaire et évolutive. L'outil intègre des mécanismes de validation de la cohérence des modèles produits en utilisant un moteur de règles et d'algorithmes d'inférence. Enfin, DSL4SPM permet d'enrichir la modélisation par l'intégration d'autres perspectives.

Sur le plan scientifique, nous proposons trois nouvelles perspectives de modélisation. La première est dédiée à la modélisation des connaissances dans le but d'évaluer les risques liés au manque de connaissances ou au dysfonctionnement de la circulation des flux des concepts de connaissances. La deuxième perspective offre une approche de simulation stochastique avec la méthode Monte-Carlo dans le but d'évaluer les risques de planification dans les modèles de processus. La dernière permet d'évaluer la maturité des modèles de processus en utilisant le corpus des bonnes pratiques CMMI.

1.5 Plan du livre

Le chapitre 2 présente une revue analytique de la littérature dans le domaine des processus est présentée. Le chapitre 2 expose, d'abord, le modèle d'analyse qui nous a permis de classifier et ordonner les différentes facettes et ensuite, un aperçu théorique de chacune de ces facettes.

Le chapitre 3 est dédié au volet ingénierie. Il expose le cadre conceptuel de modélisation des processus et l'outil nommé DSL4SPM. Ce chapitre insiste sur l'aspect théorique de formalisation du concept de relations attribuées et présente les motivations de l'outil et l'architecture qui supporte ses différentes fonctionnalités.

Les chapitres 4, 5 et 6 traitent trois nouvelles perspectives qui étendent le cadre de modélisation : gestion des connaissances, simulation et alignement avec CMMI. Nous démontrons ainsi l'extensibilité du cadre proposé et contribuerons à produire des MP robustes et complets. Ainsi, le chapitre 4 détaille la perspective de la modélisation des connaissances qui étend le méta-modèle, sur le plan théorique, et offre un tableau de bord pour l'évaluation des flux de connaissance sur le plan pratique avec l'outil DSL4SPM. Le chapitre 5 présente une perspective de simulation qui utilise la méthode Monte-Carlo pour estimer l'incertitude dans la réalisation de chaque activité du MP. Le chapitre 6 présente une perspective d'alignement avec CMMI et une étude exploratoire qui lui est reliée.

Enfin, le chapitre 7 présente une discussion générale qui met en évidence les bénéfices et les limites des contributions suivi d'une conclusion avec de nouvelles avenues de recherche.

CHAPITRE 2   REVUE ANALYTIQUE DE LA LITTÉRATURE

Ce chapitre présente la revue analytique de la littérature concernant le domaine de la modélisation des processus. Nous présenterons des revues de littérature plus spécifiques pour les trois perspectives : gestion des connaissances, simulation CMMI respectivement aux chapitres 4, 5 et 6.

Vu la diversité des aspects du domaine de la modélisation des processus, nous abordons cette revue de la littérature avec une approche ontologique[1]. L'objectif est certes de cerner les connaissances liées à ce domaine, mais aussi de comprendre les liens et les interactions entre les différents aspects du domaine étudié. Ainsi, nous présentons d'abord notre modèle ontologique qui servira à analyser la littérature. Ensuite, nous détaillerons chaque composant de ce modèle.

2.1 Modèle d'analyse ontologique

Le modèle ontologique que nous proposons permet d'analyser la littérature sur la base de quatre facettes[2] présentant chacune un aspect particulier du modèle de processus (MP): *perspective, utilisation, création* et *support*. Chaque facette regroupe un ensemble de critères qui définit des caractéristiques communes adressant une vue particulière sur le MP. La Figure 2.1 présente une vue panoramique de cette ontologie.

---

[1] Selon Gruber une ontologie est une spécification explicite et formelle d'une conceptualisation du domaine à l'étude Gruber, T. R. (1995). "Toward principles for the design of ontologies used for knowledge sharing." International Journal of Human-Computer Studies **43**(5-6): 907-928. Cette spécification définit formellement le vocabulaire des concepts du domaine, leurs propriétés, et les relations et les contraintes entre ces concepts.
[2] La notion de facette a été utilisée dans plusieurs domaines dont notamment celui de mesure de la qualité logiciel (ISO/IEC 9126).

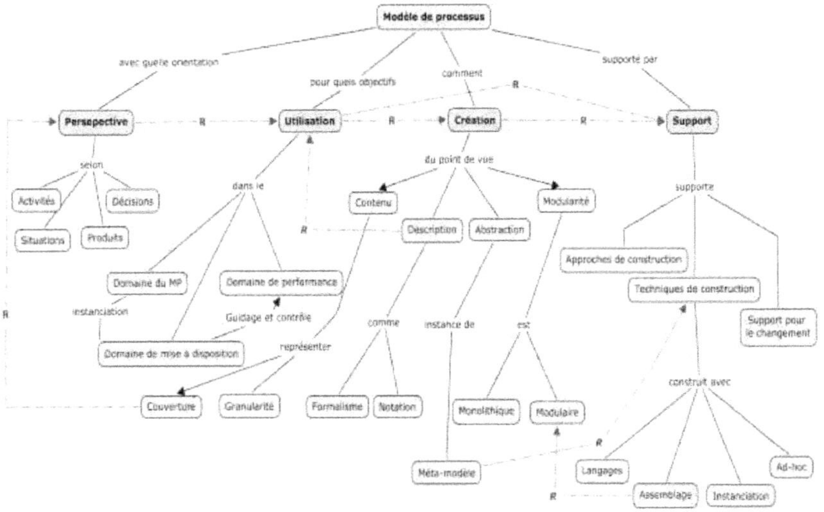

Figure 2.1: Ontologie du domaine des modèles de processus

Force est de signaler que cette vue ontologique nous a aussi permis de structurer les exigences de l'outil supportant notre cadre de modélisation (voir chapitre 3). Les sections suivantes présentent les quatre facettes en insistant sur le rationnel du choix des critères/sous critères, leurs valeurs possibles et une brève description des liens avec d'autres critères (présentées par les relations R dans la Figure 2.1) quand ils sont pertinents dans le cadre de notre projet de recherche.

2.2 Facettes de l'ingénierie des processus

❖ *Facette perspective*

La définition de ce qu'est un MP dépend de la perspective par laquelle il est guidé. La perspective reflète non seulement la manière dont un processus est perçu mais aussi comment il est représenté, utilisé et les objectifs qu'il cible.

Selon Dawson, repris après par Rolland, un MP peut être orienté selon trois perspectives (Dowson, 1987; Rolland, 1998) :

- Orienté-Activité,
- Orienté-Produit,
- Orienté-Décision.

Nous ajoutons à ces perspectives trois autres qui nous paraissent importantes tout particulièrement d'un point de vue identification et gestion de risques spécifiques :

- Orienté-Gestion des connaissances,
- Orienté-Simulation.
- Orienté-CMMI.

Un processus orienté-Activité met l'accent sur l'ordonnancement des activités pour produire du logiciel (Royce, 1987; Curtis, *et al.*, 1992; Humphrey et Feiler, 1992). Cette orientation, largement adoptée aujourd'hui, se base sur une vision taylorienne[3] dans un but précis d'organisation du travail. Une liste séquentielle d'activités à réaliser semble convenir aux gestionnaires de processus et de projets. Elle convient partiellement aux développeurs qui perdent le rationnel derrière l'activité vu qu'ils sont plus orientés produit. Un processus orienté produit est une orientation presque similaire à la précédente, avec en plus un lien direct vers le produit. Ainsi, le résultat de l'élément de travail (i.e., artefact) est directement lié à l'activité. Cette orientation permet, d'une part, aux développeurs de mieux comprendre les attentes de l'activité, et d'autre part, aux gestionnaires de contrôler et faire du monitorage sur le projet. Cette perspective qui semblait être écartée revient en force dans les nouvelles

---

[3] Le taylorisme est une méthode de travail apparue en 1880. Elle définit les tâches et les conçoit de manière à améliorer la productivité.

plateformes de travail collaboratif comme Visual Studio Team System (VSTS)[4], Jazz[5] (IBM) et quelques versions adaptées de SVN[6]. Cette perspective était écartée dans le but de déconnecter le processus du projet en vue d'une réutilisation universelle du processus, elle revient parce que c'est un excellent moyen de gouverner le projet. Un processus orienté-Décision est perçu comme un ensemble de décisions interreliées prises pour un objectif précis d'implantation d'un produit. Ce type de modèle met en avant l'intention au détriment de l'activité (Jarke *et al.*, 1992). À titre d'exemple, les décisions liées à la gestion du risque peuvent être incohérentes avec celle liées à la productivité (ex. prototypage, itérations fréquentes, etc.).

Un processus orienté-Gestion des connaissances considère un projet de développement comme une accumulation de connaissances (projet d'apprentissage) du début jusqu'à la fin. Les éléments de travail (i.e., Artéfacts) matérialisent ces connaissances (Davenport et L. Prusak, 1998; Robillard, 1999; Rus et Lindvall, 2002; Bjørnson et Dingsøyr, 2008; Dakhli et Ben Chouikha, 2009). Un processus orienté-Simulation peut anticiper certains types de risque. Ce domaine a été longtemps considéré comme disjoint du domaine de la modélisation des processus (Abdel-Hamid et Madnick, 1991). Nous pensons que la technologie et les paradigmes, particulièrement celui orienté modèles, ont acquis suffisamment de maturité pour permettre l'intégration des deux domaines. Plusieurs propositions d'intégration ont été rapportées dans la littérature (Roy, 2004; Wu *et al.*, 2006; Park *et al.*, 2008).

---

[4] VSTS : http://www.microsoft.com/downloads/ details.aspx? displaylang=en& FamilyID = c7a809d8 -8c9f-439f-8147-948bc6957812
[5] Jazz : http://jazz.net/
[6] SVN, un outil de gestion de version pour le code source: http://subversion.tigris.org/

La synthèse de ces différentes perspectives amène la question suivante : est-il possible de modéliser plus qu'une perspective dans un MP ? Si on adopte la proposition de Leon Osterweil « *Software Processes are Software Too* » (Osterweil, 1997), et qu'on admet que le polymorphisme est un des piliers du paradigme objet-orienté, alors nous pouvons supposer qu'une version adaptée du polymorphisme (i.e., perspective) au niveau méta contribuerait à l'amélioration des modèles de processus.

❖ *Facette utilisation*

Alors que l'orientation (ou intention) d'un MP peut être soulignée à travers la/les perspectives adoptées, son utilisation peut être envisagée dans un des trois domaines : domaine du modèle, domaine de mise à disposition et domaine de performance (Derniame et Oquendo, 2004). La Figure 2.2 illustre l'interaction entre ces trois domaines.

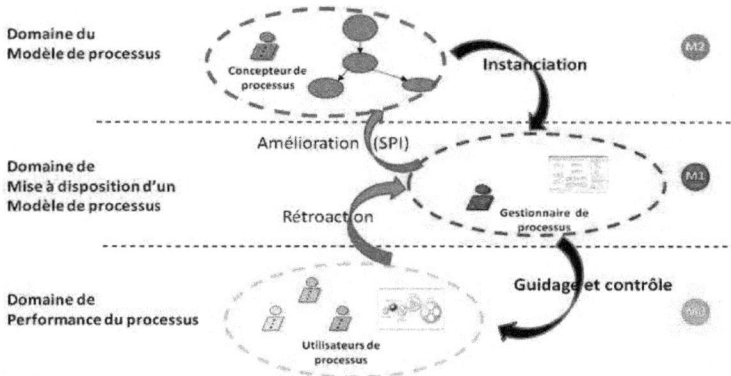

Figure 2.2: Domaines de l'ingénierie des processus

Le domaine du MP contient les caractéristiques des modèles de processus ou fragments de processus. Ces caractéristiques sont exprimées avec une notation

27

précise et une spécification sur comment le modèle peut être instancié. Cette notation peut être formelle ou semi-formelle. L'ensemble des modèles qui présentent les mêmes caractéristiques constitue un méta-modèle (Henderson-Sellers, 2007).

Le domaine de mise à disposition d'un MP englobe ce qui prend place pour supporter, guider et appuyer la performance des projets gouvernés par le MP. La mise à disposition comprend la personnalisation et l'instanciation. La personnalisation implique l'adaptation d'un MP générique à un projet spécifique, alors que l'instanciation est le fait de lier les artéfacts du processus personnalisé aux produits concrets et aux ressources du projet. Ce domaine est supporté par des outils communément nommés « Atelier de génie processus » (AGP)[7] (Arbaoui, et al., 2002). Les AGP assurent le lien entre les facettes utilisation et création.

Le domaine de performance du processus englobe une liste ordonnée d'activités à réaliser par les agents du processus (rôles, machines, etc.). Une activité peut contenir une ou plusieurs tâches, des rôles primaires et secondaires et des produits d'activité créés ou consommés lors de la réalisation des tâches. Ce domaine peut aussi contenir d'autres éléments comme des contraintes, des politiques, etc.

Les trois domaines interagissent entre eux soit directement à travers les différents niveaux d'abstraction, soit par des boucles de rétroaction qui contribuent à améliorer le guidage ou à améliorer le MP suite à un retour d'expérience.

---

[7] Les acronymes PCSE pour « *Process-Centered Software Environments* », CAME pour « *Computer Aided Method Engineering* » ou AGP « Atelier de génie processus » font tous référence à l'outil.

Ce projet de recherche inclut, dans son volet ingénierie, un AGP nommé « *Domain Specific Language for software Process Modeling* » (DSL4SPM). L'architecture et les fonctionnalités de DSL4SPM sont présentées, de façon détaillée, au chapitre 3.

❖ *Facette création*

Après avoir discuté les caractéristiques plus extrinsèques d'un MP à travers la facette utilisation, nous étudierons la facette de création qui met en évidence les caractéristiques intrinsèques du MP. Concrètement, il s'agit de savoir quoi représenter (i.e., contenu), comment le représenter (i.e., description), avec quel niveau d'abstraction (i.e., détail), et quelles sont les propriétés à représenter (i.e., modularité).

❖ Le contenu traite deux aspects : la *couverture* et la *granularité*. Le critère *couverture* est directement lié la facette « Perspective ». Ce critère définit l'orientation d'un MP (ex. activités, produits, décisions, etc.). Le critère *granularité* indique le niveau de granularité d'un processus (ex. fine, grossière ou variable). À titre d'exemple, on peut exiger une description détaillée des tâches avec leurs étapes précises ou tout simplement décrire grossièrement les activités sans rentrer dans le détail des tâches et des étapes.

❖ La description traite le *formalisme* de la présentation et la *notation*. Le formalisme (ex. programme, diagramme, hypertexte, etc.) sert à décrire les composants d'un MP. La notation est utilisée pour représenter les composants, elle doit être formelle au moins pour supporter la validation des propriétés attendues du MP (i.e., cohérence).

❖ L'abstraction traite certaines caractéristiques de haut niveau d'un MP. Ces caractéristiques émanent du méta-modèle utilisé pour l'instancier.

Autrement dit, un méta-modèle peut aussi être considéré comme une déclaration pour l'expression d'un modèle valide (Gonzalez-Perez et Henderson-Sellers, 2005; Gonzalez-Perez et Henderson-Sellers, 2007). Cette caractéristique est directement liée aux techniques de construction de la facette support.

❖ La modularité traite la façon de composer un MP. Cette composition peut être soit monolithique, soit modulaire. Cette composition était au début monolithique (ex. utilisation d'un langage de programmation comme Ada pour construire un seul exécutable). Cependant, il y a une tendance vers des structures de processus composés par agrégation de modules (Kumar et Welke, 1992; Harmsen, *et al.*, 1994). La raison de cette transition se justifie par des besoins de réutilisation et de personnalisation.

❖ *Facette support*

Cette facette décrit les aspects liés à la construction d'un MP et son instanciation. Il s'agit principalement du support automatisé fourni par des outils communément appelés AGP[8] ou « *Computer-Aided Method Engineering* »(CAME) (Arbaoui, *et al.*, 2002; Niknafs et Ramsin, 2008). Concrètement, un AGP fournit un ensemble de services pour assister les ingénieurs de processus dans le développement des MP.

Cette facette traite les trois aspects : les approches de construction, les techniques de construction et le support pour le changement.

---

[8] Les acronymes PCSE, CAME et AGP désignent tous les outils supportant la modélisation des processus.

❖ Les approches de construction traitent le degré de flexibilité dans la construction. Cette flexibilité varie de rigide à fortement flexible (Harmsen, *et al.*, 1994). Une approche de construction rigide ne laisse pas de manœuvre d'adaptation d'un MP pour une situation donnée. L'approche flexible peut être modulaire avec des mécanismes de remplacement ou extension des modules existants (EPF_Composer). On note aussi l'existence de recherche sur les patrons de processus (Ambler, 1998).

❖ Les techniques de construction peuvent être regroupées en quatre types : utilisation des langages, technique d'assemblage de composants, techniques d'instanciation et les techniques Ad hoc.

• Les langages utilisés au début étaient les mêmes que ceux utilisés pour programmer du logiciel. La deuxième génération de langage était plus propre au domaine des processus (ex. ceux basés sur le langage Ada) (Sutton et Osterweil, 1997). On note aussi l'utilisation d'autres langages comme : les réseaux de pétri (Bandinelli *et al.*, 1993; Conradi *et al.*, 1996), Workflow (Junkermann *et al.*, 1994) et événementiel (Belkhatir et Melo, 1994).

• La technique d'assemblage consiste à bâtir un processus en utilisant des composants prédéfinis. Ces composants prédéfinis sont stockés dans une bibliothèque dédiée (OPEN_Consortium, 2009). L'opération de construction par agrégation paraît simple a priori, toutefois, elle nécessite un formalisme de description des composants et un autre pour définir les opérateurs pour la composition des blocs. Les premiers travaux avec cette technique sont attribués à Van Slooten et Hodes (1996) (Van Slooten et Hodes, 1996).

31

• L'instanciation déplace le raisonnement et la description d'un MP vers la formalisation d'un méta-modèle (Finkelstein, *et al.*, 1994). Nous discutons l'instanciation, mais en fait il s'agit d'une mise à disposition qui comprend la configuration et l'instanciation. Le mécanisme d'instanciation est important dans la mesure où il garantit une certaine cohérence du MP.

• Les techniques de construction ad hoc sont des tentatives pour réitérer une expérience d'un projet réussit pour en conduire un autre. La description du MP se base dès lors sur une expérience vécue et rapportée par les intervenants dans le projet. L'absence de formalisme limite la généralisation d'une expérience.

Présentement, on note une convergence vers les techniques d'instanciation et d'assemblage. Les deux techniques sont utilisées conjointement pour offrir un environnement de modélisation des processus (voir (EPF_Composer; Osellus, 2005; Eclipse.org, 2007)).

❖ Le support pour le changement met en évidence la capacité d'un MP à s'adapter à l'évolution du projet. L'idée n'est pas de proposer un MP contraignant, mais de guider le développement vers des objectifs qui peuvent changer au fur et à mesure que le projet évolue. Le MP doit être assez flexible pour s'adapter à des situations particulières dans le but d'améliorer son efficacité, on parle alors de « Software Process improvement » (Garcia *et al.*, 2004).

L'analyse de la revue de la littérature nous a permis d'explorer les quatre facettes de la modélisation des processus : perspective, utilisation, création et support. Pour proposer un nouveau cadre de modélisation, nous devons tenir compte de ce corpus théorique. Néanmoins, nous devons aussi comprendre l'évolution de la discipline à travers une analyse du point de vue du paradigme (ex. fonctionnelle, OO, etc.).

La section suivante fait état de cette évolution. Nous ciblons d'abord la compréhension de cette évolution. Ensuite, nous essayerons de comprendre la relation entre les deux niveaux de paradigme : pour la modélisation des processus et pour la production du logiciel. La compréhension de cette relation, nous permettra d'identifier la tendance, au niveau paradigme, de la prochaine génération d'outil pour la modélisation des processus.

2.3 Évolution des langages et outils de modélisation des processus

Afin d'analyser l'évolution de la discipline de LMP et des AGP, nous avons focalisé sur les différents paradigmes qui ont été adoptés par cette discipline depuis les années 1960 pour en faire l'état. Pour ce faire, nous analysons la relation entre les tendances technologiques au niveau des projets logiciels et ceux aux niveaux des AGP. Le Tableau 2.1 résume la liste des LMP et des AGP qui ont marqué cette évolution.

Tableau 2.1: Synthèse sur les différents LMP et AGP

	Année	LMP	AGP	Référence
Première Génération	1994	Spell	Epos	(Conradi, *et al.*, 1996)
	1994	Merlin/PML	Merlin	(Junkermann, *et al.*, 1994)
	1994	Slang	Spade-1	(Bandinelli *et al.*, 1994)
	1995	APPL/A	Arcadia	(Stanley et Sutton, 1991)
	1997	PBOOL	Rhodes	(Cregut et Coulette, 1997)
Deuxième Génération	1994	Adele-Tempo	Adele-Tempo	(Belkhatir et Melo, 1994)
	1997	JIL	JIL Julia	(Sutton et Osterweil, 1997)
	2002	LMP Exécutable avec transformation des Graphes	APSEE	(Reis *et al.*, 2002)
	2002	LMP Exécutable basé sur UML	-	(Di Nitto, *et al.*, 2002)
Troisième Génération	2004	GenMETRIC	GenMETRIC	(Garcia, *et al.*, 2004)
	2005	LMP basé sur UML	DPE/PAC	(Chou *et al.*, 2005)
	2005	UML4SPM	UML4SPM	(Bendraou *et al.*, 2005)
	2006	MetaEdit+	MetaMeth	(Seidita *et al.*, 2006)
	2007	ISO 24744 -SEMDM	-	(ISO/IEC, 2007)
	2008	SPEM 1.1 et 2.0	EPF, IRIS, MSF	(OMG:SPEM, 2008)

La Figure 2.3 synthétise les étapes les plus marquantes de l'évolution technologique des LMP et leur AGP correspondant.

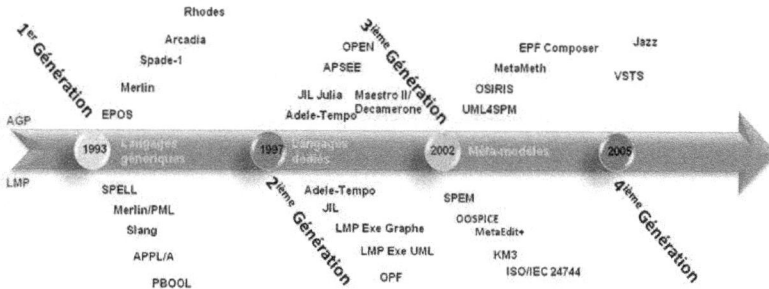

Figure 2.3: Évolution historique des LMP et AGP

La première génération est marquée par des AGP dérivés d'une utilisation des langages de programmation génériques (Sutton et Osterweil, 1997). Cette approche, caractérisée de déclarative et fonctionnelle, ne permet pas une évolution dynamique et incrémentale des MP, elle est trop contraignante pour supporter la flexibilité dans la structuration des composants du modèle (ex. (Kellner, 1989; Deiters et Gruhn, 1990; Bandinelli et Fuggetta, 1993; Belkhatir et Melo, 1994; Conradi, *et al.*, 1996)).

La seconde génération (Sutton et Osterweil, 1997) est basée sur une transition vers des langages plus spécialisés (Curtis, 1989; Di Nitto, *et al.*, 2002; Zamli et Lee, 2002; Kruchten, 2003; Junchao *et al.*, 2007) ou des langages à base de graphes et de réseaux transitionnels. Cette génération a été marquée par l'émergence de plusieurs langages de programmation. Les AGP de cette génération se focalisent sur l'ordonnancement des activités dans une perspective dynamique mais ne fournissent pas une vue organisationnelle du MP.

La troisième génération est marquée par la définition de l'OMG du standard : Software Process Engineering Metamodel (SPEM) (OMG, 2008) dans le but d'harmoniser les définitions et les concepts des LDP. L'approche d'harmonisation est basée sur le langage UML, les AGP adoptent dès lors le paradigme Objet-Orienté (OO). Les langages UML et OO connaissent une grande acceptation dans l'industrie du logiciel. Un autre standard l'ISO/IEC 24744, basé lui aussi sur UML, a été proposé avec une perception de la notion de méta-modèle complètement différente de celle proposée par l'OMG (voir détail dans la section II.4.3) (ISO/IEC, 2007).

Il ressort de cette évolution les points suivants :

❖ On observe une corrélation entre le paradigme utilisé pour le développement de logiciel avec celui de la modélisation. En effet, à chaque fois que le niveau « projet » adopte un nouveau paradigme (ex. UML et OO), le niveau « processus » adopte le même paradigme. Or, un nouveau paradigme «Model Driven Architecture» (MDA) est en train de s'établir au niveau « projet » (OMG:MDA, 2003). Selon la corrélation entre les deux niveaux, le niveau « processus » tendrait vers l'adoption de ce nouveau paradigme. MDA est basé sur trois principes :

  • Modélisation dans le domaine du problème : ce qui signifie l'utilisation d'un langage spécifique au domaine (Domain-Specific-Language ou DSL) au lieu d'utiliser UML ou essayer de l'étendre pour l'adapter au domaine. Ce principe permet une modélisation simple, précise et suffisamment riche par sa sémantique (Jouault et Bezivin, 2006).

- Automatisation dans le sens d'une mise en correspondance entre le modèle défini avec un DSL et une plateforme cible à travers des procédures de transformation.

- Standards ouverts : tels que XML pour s'assurer de l'échange et l'interopérabilité entre les différents systèmes.

Ce paradigme semble convenir parfaitement au domaine de la modélisation des processus. Au lieu d'essayer de distordre UML (avec un ensemble de stéréotypes et de valeurs marquées) pour l'adapter au domaine des processus, il est possible de créer un nouveau langage dédié au domaine.

❖ Standardisation des concepts théoriques notamment sur le plan de la syntaxe d'un MP. La standardisation limite la prolifération des langages et des notations et confère une portée universelle. Les deux standards SPEM et l'ISO/IEC 24744 spécifient chacun un méta-modèle qui, par le mécanisme d'instanciation, permettrait de créer des MP. L'aspect sémantique reste relativement abstrait, et ce, pour les deux méta-modèles.

❖ Méta-modélisation qui signifie fournir, maintenir et assurer la qualité d'un méta-modèle adapté pour adresser une abstraction donnée. Elle assure aussi, à un niveau plus bas, une construction cohérente des MP.

La sémantique d'un MP est importante. Elle a été mise en évidence par Curtis dès la première génération des LMP (Curtis, 1989). Le méta-modèle SPEM représente une vue statique des processus. Cette vue est centrée sur les éléments Rôles-Activités-Artéfacts. Toutefois, SPEM ne permet pas une représentation dynamique qui focaliserait sur l'interaction entre les éléments et non seulement sur la structure.

2.4 Méta-modèles

Certaines caractéristiques de haut niveau d'un MP émanent directement de son méta-modèle (ex. la capacité de personnalisation). Les trois Meta-modèles les plus cités dans la littérature sont : Software & Systems Process Engineering Meta-model (SPEM)(OMG:SPEM, 2008), OPEN Process Framework (OPF) (Firesmith et Henderson-Sellers, 2001) et ISO 24744 (ISO/IEC, 2007). Cette section présente un aperçu de ces méta-modèles.

❖ *SPEM (V1.1 2002, V2.0 2008)*

Le méta-modèle «Software & Systems Process Engineering Meta-model» (SPEM) est un effort de l'OMG[9] pour standardiser les langages de modélisation des processus. SPEM a été initialement crée comme un méta-modèle autonome, mais reformulé par la suite pour être un profil UML (OMG:SPEM, 2008).

❖ Le méta-modèle SPEM définit toutes les structures, les règles de structuration et la notation d'un MP. C'est une instanciation du MOF qui hérite des classes principales d'UML.

❖ Le profil UML SPEM est la définition d'un ensemble de stéréotypes UML pour représenter un MP. Toutefois, la sémantique n'est pas définie dans ce profil ni les contraintes OCL[10], elle se base sur la forme méta-modèle de SPEM.

La Figure 2.4 présente les paquetages qui supportent SPEM 2.0. Les paquetages en couleur jaune sont complètement implémentés dans l'outil

---

[9] OMG : Object Management Group (http://www.omg.org).
[10] OCL : Object Constraint Language, un standard de l'OMG pour la définition des contraintes sur un modèle UML : http://www.omg.org/spec/OCL/2.0/

DSL4SPM que nous proposons (voir chapitre III), le paquetage en gris est partiellement supporté à travers un connecteur vers une bibliothèque externe.

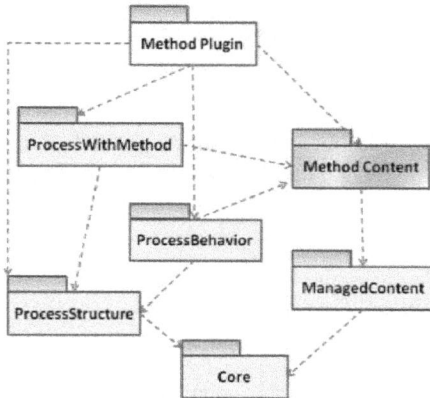

Figure 2.4: Structure des paquetages de SPEM 2.0

❖ *(Core)* Noyau : Le noyau contient les éléments de base et les abstractions utilisables par tous les autres paquetages.

❖ *(Process Structure)* Structure du processus : Ce paquetage définit et représente une liste ordonnée d'activités. Une activité englobe une liste de tâches, de rôles et de produits d'activité.

❖ *(Process Behavior)* Comportement du processus : Au-delà d'une description statique fournie par le composant précédent, ce composant permet d'étendre la structure d'un processus avec des modèles comportementaux. Ce paquetage ne traite pas l'aspect comportemental d'un processus, mais assure le lien vers des outils externes spécialisés.

❖ *(Managed Content)* Contenu Contrôlé : Ce paquetage permet la documentation des composants d'un modèle de processus en utilisant le langage naturel. (ex. un document décrivant les pratiques agiles).

❖ *(Method content)* Contenu de la méthode : Dans ce paquetage, on peut décrire les composants qui structurent les processus. Les tâches, rôles, produits d'activité et des éléments de guidages sont décrit dans ce paquetage. Le concepteur peut ainsi construire une base de connaissances indépendamment de la façon dont ils vont être utilisés pour bâtir des modèles de processus.

❖ *(Process with Method)* Processus avec méthode : utilise les éléments prédéfinis dans le paquetage « Contenu de la méthode » pour structurer un processus spécifique.

❖ *(Method Plug-in)* Plug-in : Ce paquetage est un référentiel pour des librairies configurables. C'est le niveau le plus grossier de granularité pour la réutilisation.

❖ **OPF (1996)**

Le méta-modèle « *OPEN Process Framework* »[11] (OPF) a été proposé par un consortium d'« experts » et d'éditeur d'outils. Ce méta-modèle est défini sur la base de cinq classes de composants (voir Figure 2.5) : « *Producers* », « *Work Unit* », « *Work Products* », « *Stages* » et « *Languages* ». OPF fournit un mécanisme de réutilisation à travers une bibliothèque de composants prêts à être instanciés.

- *Producers* : entités actives, humaines ou non, qui réalisent des « *Work Unit* » et produisent des « *Work Products* ».

- « *Work Unit* » : des opérations réalisées par des producteurs lors de la création des « *Work Products* ». Les unités de travail sont classées selon trois catégories : activité, tâche ou technique. L'activité représente une description grossière de ce qui doit être fait (ex. ingénierie des exigences, planification du projet, etc.). La tâche représente l'unité de travail atomique à réaliser. La technique, quant à elle, représente l'approche avec laquelle une tâche ou une activité doit être réalisée.

---

[11] OPEN : Object-oriented Process Environment et Notation. Présenté comme étant une famille de processus. Initialement crée par l'intégration de cinq processus existants (MOSES, SOMA, Synthesis, Firesmith et BON).

- « *Work Products* » : des produits d'activité concrets qui présentent de la valeur ajoutée pour le projet (ex. documents, diagrammes, modèles, etc.).

- « *Stages* » : des durées qui offrent un haut niveau d'organisation des « *Work Products* » (ex. milstone, étape avec une durée).

- « *Languages* » : les médias utilisés pour documenter un « *Work Product* » (ex. langages naturels, langage de modélisation ou langage de programmation, etc.).

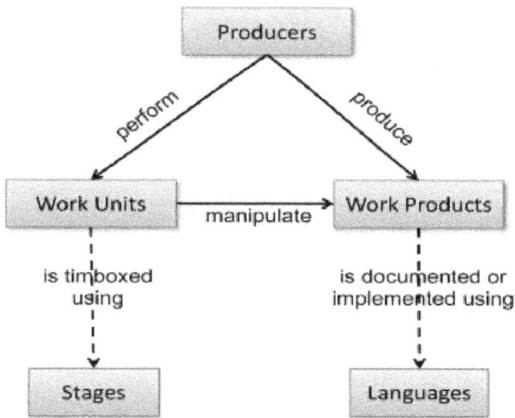

Figure 2.5: Composants du méta-modèle OPF

❖ *ISO 24744 (2007)*

La norme ISO/IEC 24744 (ISO/IEC, 2007) est fortement inspirée des travaux de Henderson-Sellers sur le méta-modèle « OPF » (Gonzalez-Perez et Henderson-Sellers, 2005). Ces travaux ont émergé suite à une forte critique des premières versions de SPEM notamment pour les mécanisme de passage d'un niveau de modélisation à l'autre (ex. de M_2 vers M_1 vers M_0) (Atkinson et Kuhn, 2001; Atkinson *et al.*, 2004). Pour répondre aux limites de SPEM, le méta-modèle normalisé ISO/IEC 24744 présente une nouvelle approche de modélisation basée sur trois aspects, à savoir : processus, produits et producteurs du travail. À la différence de SPEM, ISO/IEC 24744 traite les niveaux M_2, M_1 et M_0 de la pile de modélisation de l'OMG (voir section 1.1.2). En d'autres mots, c'est l'instanciation directe du méta-modèle qui crée un MP qui est à son tour instancié pour créer le projet.

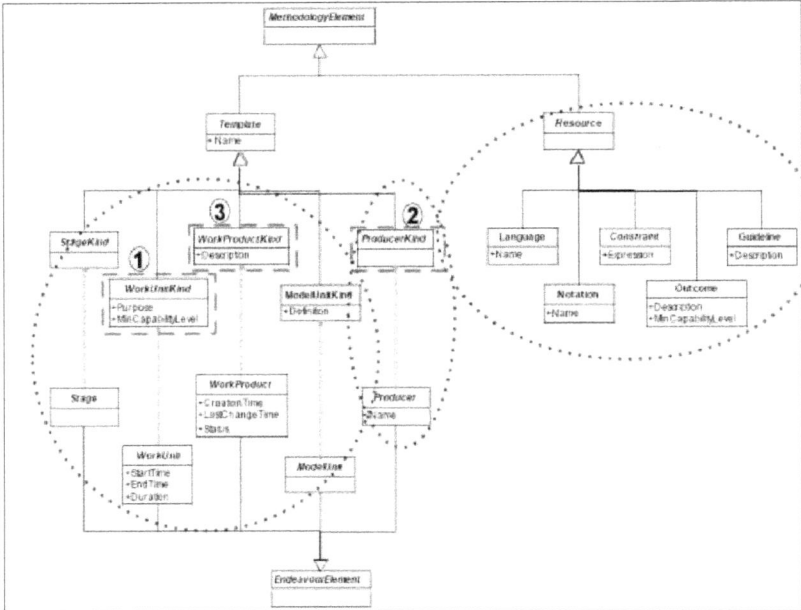

Figure 2.6: Diagramme de classe partiel du méta-modèle ISO 24744

Deux nouveaux concepts ont été introduits pour modéliser une méthodologie, à savoir : « *Powertypes* » et « *Clabjects* ». Les « *Powertypes* », introduit d'abord par (Odell, 1994) puis adapté pour le contexte des processus par (Henderson-Sellers, 1998), ont l'avantage de fournir une classification dynamique en permettant aux sous-types d'une classe d'être définis comme des instances d'une autre classe en utilisant un discriminant, ce qui est particulièrement utile quand on a des éléments qui appartiennent à deux niveaux d'abstraction différents. À titre d'exemple, Les « *Clabjects* » ont l'avantage de fournir un mécanisme d'instanciation profonde. Ainsi, ils permettent de spécifier qu'une entité du niveau méthodologique est à la fois une instance d'une entité du méta-modèle et une classe pour les éléments du niveau « Projet » (Atkinson et Kuhn, 2001; Henderson-Sellers, 2001).

Les encadrés (1, 2 et 3) de la Figure 2.6 sont respectivement l'équivalent de
« *WorkDefinition* », « *WorkProduct* » et « *Role* » du SPEM. Ces éléments constituent le
noyau du processus à bâtir.

2.5 Quelques modèles de processus

Nous présentons brièvement quelques MP à la fois pour clarifier les attentes
de la discipline de modélisation et pour se rendre compte de la grandeur de la
disparité.

Présentement, deux grandes classes de processus catégorisent le paysage des
projets de développement logiciel : ***prédictif*** et ***adaptatif*** (ou discipliné et
agile). D'une part, les approches prédictives imposent des processus à suivre
souvent qualifiés de contraignant par les développeurs. D'autre part, les
approches adaptatives s'organisent autour de petites équipes avec la présence
du client sur le site afin de se libérer de la documentation et focaliser sur ce
qui présente de la valeur pour le client. L'agilité est intéressante pour les petits
à moyens projets dans un contexte qui présente beaucoup de changements,
mais moins intéressante pour une grande équipe ou un projet relativement
long. Néanmoins, nous soulignions l'existence d'un point d'équilibre entre les
approches agile et discipliné, tel qu'illustré à la Figure 2.7 extraite de (Boehm
et Turner, 2003). Les processus agiles, centrés sur l'humain, offrent une
responsabilisation relativement grande comparativement aux processus
disciplinés. Ces derniers misent sur la discipline et la spécialisation des
membres de l'équipe.

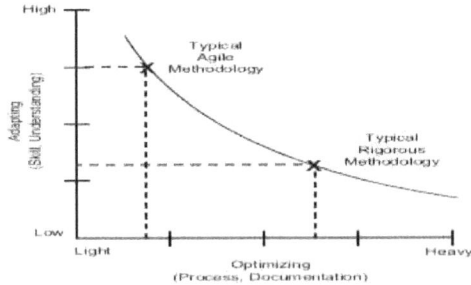

Figure 2.7: Point d'équilibre entre l'optimisation des processus et l'agilité

Le Tableau 2.2 présente quelques modèles de processus bien connus dans l'industrie du logiciel. Comme on peut le constater, deux grandes familles de processus se dégagent : une famille disciplinée, dite aussi prescriptive et une deuxième agile dite aussi adaptative. Nous pouvons aussi constater que chaque méthodologie propose une approche spécifique qui justifie sa raison d'être. Aussi, la nature des projets et la culture de l'organisation contribuent au choix de la méthodologie à adopter pour conduire un projet donné.

Tableau 2.2: Présentation de quelques Modèles de processus

Processus		Brève Description	Référence
Disciplinés	RUP	Créé par la firme Rational inc. (Vancouver, Canada) et par la suite racheté par IBM.Rational Unified Process, RUP se définit comme un corpus de méthodologies instanciables.	(Kruchten, 2003)
	MACROSCOPE	Créé par DMR (Montréal, Canada) et racheté par la suite par Fujitsu. Il se divise en cinq sous domaines distincts : Suite Management, Labo Architecture, Centre Productivité, Station Résultats et Forum Stratégie.	(Fujitsu, 2000)
	Merise / 2	Crée par un consortium de compagnies françaises, merise préconise une conception par étapes successives d'un niveau d'abstraction à l'autre.	(Avison, 1991)
Agiles	Scrum	Créé par schwaber, Scrum se base sur les pratiques de management de projet. Les itérations, appelées «Sprints» durent généralement un mois. Les fonctionnalités à réaliser sont définies dans un « Backlog ». À chaque itération, on priorise un	(Schwaber, 2004)

	morceau du backlog qui devra être réalisé.	
XP	Crée par Beck, Extreme Programing (XP) propose des itérations courtes de deux semaines. Favorise le travail en binôme, la communication face-à face avec la présence du client sur le site.	(Beck et Andres, 2004)
FDD	Crée par palmer, Future-Driven Development (FDD) se base sur cinq étapes: (1) développer un modèle global ; (2) construire une liste de fonctionnalités ; (3) planifier par fonctionnalité ; (4) concevoir par fonctionnalité ; (5) réaliser par fonctionnalité. Les trois premières phases aident à construire une vision globale du projet, les deux autres phases font l'objet d'un ensemble d'itérations.	(Palmer et Felsing, 2002)
DSDM	Crée par un consortium, Dynamic Systems Development Method (DSDM) organise le processus de développement en sept phases : (1) pré-projet ; (2) étude de faisabilité ; (3) étude du processus d'affaires ; (4) un modèle d'itération fonctionnel ; (5) conception et implémentation itératives ; (6) implémentation ; (7) Post-Projet : Mesure l'efficacité du processus adopté et propose des ajustements pour une future amélioration.	(Consortium et Stapleton, 2003)
Crystal	Crée par Cockburn, crystal se base sur les livraisons fréquentes, l'amélioration par feedback suite à chaque itération et une communication efficace.	(Cockburn, 2004)

Chaque processus a émergé suite à des projets réussis. Le contexte et les facteurs spécifiques du projet ainsi que la culture de l'organisation qui le développe sont des paramètres capitaux pour le choix d'un type de processus (Harmsen, *et al.*, 1994; Hofstede et Verhoef, 1997).

Par ailleurs, il a été souvent reproché au gestionnaire des processus d'être déconnecté de la réalité du projet. Une nouvelle approche d'utilisation des processus semble s'installer dans l'industrie. Le MP est intégré à l'outil de gestion de version (ex. SVN, Clearcase, Visual studio team system, etc.). Les besoins pour ces plateformes de collaboration d'équipe de développement sont les suivants :

- Demande de visibilité pour la conduite d'un projet informatique
- Changement du modèle de gouvernance d'un projet informatique
- Organisation répartie géographiquement
- Des architectures logicielles plus compliquées et des processus plus complexes.

2.6 Synthèse

Les sections précédentes de ce chapitre décrivent comment un MP prend forme. Sur le plan des perspectives, nous adoptons les perspectives : activité, gestion des connaissances et simulation en priorité (il est possible d'étendre notre cadre pour en supporter d'autres). Nous sommes conscients que le cadre de modélisation proposé doit être assez général pour prendre en considération plusieurs perspectives.

Les recherches dans le domaine de la modélisation des processus accordent une grande place aux méta-modèles. Ces méta-modèles focalisent sur la structuration des éléments d'un MP. Cependant, comme le souligne (Guizzardi *et al.*, 2002), il y a une lacune sémantique due à la non-exploitation des aspects dynamiques entre les éléments structurants un MP. L'aspect dynamique peut guider un MP vers des perspectives différentes consolidées par l'utilisation du mécanisme de relations attribuées.

Après une étude approfondie, nous avons retenu SPEM comme méta-modèle de référence. Ce méta-modèle a une portée de standard qui assure une certaine pérennité. Bien qu'il ne traite que l'aspect statique de modélisation, il offre des mécanismes d'extensibilité pour envisager des aspects dynamiques et comportementaux. Force est de signaler que SPEM définit un ensemble de concepts avec leur représentation graphique. Pour chaque concept, un ensemble minimal d'attributs et d'associations sont spécifiés. Toutefois, cette représentation ne permet qu'une perspective de modélisation statique (orientée liste d'activités). En plus de cette représentation, le concepteur d'un processus a besoin d'adresser d'autres vues qui reflètent d'autres préoccupations (ex. connaissance, risque). Pour permettre différentes vues sur le même modèle de processus, il est nécessaire d'expliciter plusieurs[12] sémantiques sur la base de la même syntaxe.

Dans une approche à base de modèle, la sémantique est définie par les outils qui assurent l'interprétation ou la transformation du modèle pour lui donner un sens précis. Essentiellement, ces interprétations impliquent un mappage systématique des expressions du langage vers un autre langage dont on croit bien comprendre la sémantique. À titre d'exemple, quels attributs devrons-nous retenir pour représenter la notion de risque ou de connaissance dans un modèle de processus ? Pour répondre à cette question, nous avons développé l'outil DSL4SPM dont le but est d'interpréter les propriétés des relations entre les éléments de SPEM pour construire d'autres vues sur la base du même modèle.

Avec ce relevé de littérature, nous poursuivons trois objectifs interreliés et nécessaires pour circonscrire un nouveau cadre de modélisation des processus et en proposer un modèle centré sur les interactions entre les composants du MP en complément aux structures. En premier lieu, nous construirons le noyau pour la modélisation orientée activité et conforme au standard SPEM. Cette construction permet de formaliser certains concepts liés notamment aux

---

[12] L'autre possibilité serait de créer plusieurs types de modèle, chacune avec une syntaxe et une sémantique différente. Le problème avec cette approche est la synchronisation des différents modèles.

relations attribuées et aux vues. Deuxièmement, nous nous attaquerons au problème d'intégration de la gestion des connaissances dans la modélisation des MP à la fois sur les aspects flux et discret. Finalement, nous analysons, avec une perspective de simulation basée sur une méthode Monte-Carlo, l'impact de la durée de chaque tâche sur la durée globale du processus relevant de l'aspect opérationnel des processus.

CHAPITRE 3   CADRE DE MODÉLISATION DES PROCESSUS

Ce chapitre présente l'outil nommé : « *Domain-Specific-Language for Software Process Modeling* » (DSL4SPM) qui a été réalisé dans le cadre de ce projet de recherche pour supporter la modélisation. DSL4SPM incarne un formalisme, basé sur un méta-modèle, qui permet la modélisation des processus de développement logiciel selon différentes préoccupations.

Sur le plan de la syntaxe, DSL4SPM implémente la spécification « Software & Systems Process Engineering Meta-model » (SPEM2.0). Le but étant de respecter les définitions et les concepts pour avoir une portée universelle. Ainsi, la structure des MP réalisés avec l'outil DSL4SPM est conforme à SPEM 2.0.

Sur le plan de la sémantique, vu que nous considérons plusieurs perspectives (ex. Activité, gestion des connaissances, simulation), nous proposons un enrichissement sémantique de SPEM par l'utilisation d'une approche ontologique. Cette approche permet une meilleure expressivité du formalisme par l'ajout d'information dans les connecteurs entre les composants structurant un MP. Concrètement, il s'agit d'ajouter un ensemble d'attributs à la fois dans les éléments du processus et les connecteurs qui les relient. Ces attributs permettent de consolider une perspective donnée.

C'est dans cette optique que nous avons développé l'outil DSL4SPM afin de supporter la modélisation des processus. DSL4SPM offre trois perspectives de modélisation. La première perspective est orientée ordonnancement des activités et elle est au cœur de SPEM. Les deux autres perspectives (gestion des connaissances et simulation) sont deux propositions d'extension et seront présentées en détail respectivement aux chapitres 4 et 5.

3.1 Motivations et buts

L'idée de base est la création d'un cadre conceptuel pour modéliser les processus de génie logiciel avec différents niveaux d'abstraction et de pouvoir guider ces modèles vers des perspectives précises. Cette approche permet de séparer les préoccupations afin de mieux comprendre les risques associés au développement du logiciel. Le principe de DSL4SPM est l'utilisation d'une boite à outils contenant les éléments SPEM. Ces éléments sont instanciés dans une scène graphique. Les connecteurs entre ces éléments contiennent des attributs spécifiques à la nature de chaque relation. À la demande, le système traverse le référentiel du MP, lie les valeurs des attributs des éléments et des connecteurs dans le but de consolider une vue selon une préoccupation donnée.

3.1.1 Syntaxe, sémantiques et notation

La construction d'un cadre de modélisation conceptuel nécessite la construction d'un méta-modèle afin de spécifier le formalisme de modélisation de façon rigoureuse (Karagiannis et Kuhn, 2002). Selon Karagiannis et Kuhn, une méthode de modélisation peut être divisée en deux dimensions : 1) techniques de modélisation et 2) mécanismes et algorithmes, comme illustré à la Figure 3.1. La dimension technique de modélisation comprend un langage[1] de modélisation et une procédure de modélisation. Le langage de modélisation est composé d'une syntaxe, sémantiques et une notation graphique. Les sémantiques du langage de modélisation sont un schéma sémantique et/ou un mappage qui assure le lien entre le langage et la syntaxe. La procédure de modélisation, quant à elle, est structurée pour livrer

---

[1] Les auteurs cités utilisent le mot langage à la place de formalisme.

des résultats prédéfinis. Elle utilise la dimension mécanismes & algorithmes. Ces derniers peuvent être soit génériques (i.e., applicables à n'importe quel langage de modélisation), soit spécifiques (i.e., applicables spécifiquement à un domaine particulier), soit hybrides.

La notation graphique (ex. icônes, formes et styles des liens) est séparée de la syntaxe pour permettre une meilleure adaptation de la représentation graphique. Aussi, la syntaxe se rapporte à la description des éléments et les règles utilisées pour créer des modèles. La sémantique décrit la signification et peut être liée à la sémantique du domaine ou mappée à une autre sémantique. La sémantique du domaine utilise des ontologies[2] pour décrire le sens, tandis que le mappage à une autre sémantique utilise des définitions sémantiques comme une sémantique opérationnelle, axiomatique ou algébrique.

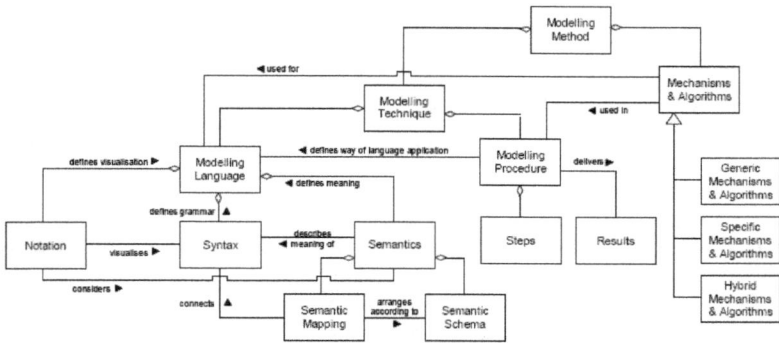

Figure 3.1: Composants des méthodes de modélisation (Karagiannis et Kuhn, 2002).

---

[2] L'ontologie constitue en soi un modèle de données représentant un domaine par un ensemble de concepts et des relations entre ces concepts. Elle est généralement employée pour raisonner à propos des objets du domaine concerné.

Pour réaliser un environnement de modélisation cohérent, nous avons adopté une approche ontologique pour la définition du méta-modèle. La section 3.4 traite du formalisme du méta-modèle.

Nous avons ciblé les objectifs suivants pour l'outil DSL4SPM :

- Respect de SPEM 2.0 sur le plan de la syntaxe – La spécification de SPEM définit trois points de conformité (OMG:SPEM, 2008) : (1) « SPEM Complete » qui exige l'implémentation des sept paquetages du méta-modèle SPEM (voir la section II.4.1 pour la description des paquetages), ce point de conformité est recommandé pour la gestion de grandes bibliothèques de contenu méthodologique ; (2) « *SPEM Process with Behavior and Content* » recommandé pour les éditeurs qui souhaitent se concentrer sur les aspects de modélisation et (3) « *SPEM Method Content* » recommandé pour les éditeurs qui souhaitent se concentrer sur la documentation pour la description des méthodes de développement. DSL4SPM cible le point de la conformité dénommé : « *SPEM Process with Behavior and Content* » pour répondre à un besoin de modélisation.

- Richesse sémantique - un langage de processus peut fournir d'autres sémantiques complémentaires interdépendantes (Sutton et Osterweil, 1997). À l'instar d'un langage de programmation tel que *C#* dont la sémantique est fournie par le compilateur, dans un langage de modélisation des processus, la sémantique est fournie par un ensemble d'algorithmes. Ainsi, l'outil DSL4SPM offre une interprétation sémantique (i.e., le sens) pour toutes les constructions syntaxiques. Di Nito et al. vont jusqu'à proposer un langage de description exécutable (Di Nitto, *et al.*, 2002).

- Sémantique opérationnelle des modèles – DSL4SPM permet de (1) consolider des listes structurées (Breakdown structure) pour transformer une vue conceptuelle d'un MP en structure dépendamment de la perspective et (2) exporter le MP automatiquement vers un outil de planification de projet (ex. Ms Project), un site Web, etc.

- Extensibilité – La modélisation des processus est extensible dans le sens où elle peut représenter d'autres perspectives (autres que la perspective orientée-Activité). À titre d'exemple : vue cognitive, effort humain, risques, etc. Cette extensibilité nécessite l'utilisation de nouveaux attributs qui supportent le tissage de nouveaux connecteurs. L'interprétation des connecteurs et des valeurs des attributs permettent d'adresser de nouvelles préoccupations dans les MP.

- Compréhensibilité – Un MP devrait être représenté graphiquement avec différents niveaux d'abstraction. D'une part, plus le niveau d'abstraction est élevé meilleure est la compréhension et la manipulation des éléments d'un MP (ex. langage UML). D'autre part, plus le niveau d'abstraction est faible (i.e., plus concret) meilleure est la sémantique. Nous définissons plusieurs niveaux d'abstractions pour un meilleur compromis. Aussi, DSL4SPM propose une notation séparée de la syntaxe pour une meilleure navigabilité entre les niveaux d'abstraction.

3.1.2 Utilisation

- Abstraction graphique – Selon Frank, les langues graphiques fournissent une présentation intuitive (Frank, 2002). Cet objectif ne peut être atteint que partiellement avec l'utilisation des icônes fournies par SPEM. Il faut en plus proposer d'autres niveaux d'abstraction (i.e., degré de granularité). À titre d'exemple l'utilisation de formulaires personnalisés.

- Réutilisation – Un processus peut être construit avec des composants réutilisables. La dernière version de SPEM insiste sur la réutilisation. Elle fait la séparation claire entre le contenu d'une méthode et l'instanciation de ce contenu dans le but d'ériger un processus. Ainsi, le même contenu peut être adapté à plusieurs projets.

- Soutien pour l'amélioration des processus (SPI) - L'outil doit supporter l'évolution d'un processus au fur et à mesure que le projet évolue. La comparaison des versions successives (i.e., déviation) pourrait supporter les décisions d'amélioration des modèles de processus futurs.

3.1.3 Multi-perspectives

- Flexibilité et adaptabilité - Une perspective représente la façon dont une préoccupation est perçue par les ingénieurs de processus (Karagiannis et Kuhn, 2002). Par exemple, ils peuvent se concentrer sur un point de vue spécifique, tel que les jalons.

- Ordonnancement dynamique des activités - Les différentes possibilités de réorganiser ou adapter le modèle de processus en fonction du type de flux étudié (flux d'activité, flux de connaissances, flux de risque, etc.).

- Relations attribuées entre les entités – Ce mécanisme permet de répondre aux besoins d'interaction et de séparation des préoccupations. À titre d'exemple, la relation « Perform » entre un rôle à une tâche pourrait contenir des informations relatives au facteur cognitif que devrait engager le rôle principal pour réaliser la tâche. Cette information sera d'une grande utilité lors de l'estimation l'effort de réalisation.

3.1.4 Support pour la validation

- Validation automatique des incohérences - Le système doit supporter la validation des incohérences syntaxiques ou sémantiques. Deux niveaux de validation doivent être envisagés. Le premier niveau est lié au méta-modèle en vue de valider la syntaxe et la sémantique afin de permettre la construction correcte des modèles. Le deuxième niveau, quant à lui, est lié à l'exécution en vue de valider des règles prédéfinies afin de permettre la validation de certaines propriétés des modèles liées à l'incohérence et l'inconsistance. Idéalement, les règles de validation doivent avoir un niveau de sévérité paramétrable (ex. erreur, avertissement, message) et doivent être enregistrées en format XML, et ce, dans un fichier séparé du projet.

- Simulation - Tous les éléments d'information sont enregistrés dans le modèle (les éléments et les connecteurs), ceci peut être exploité pour exécuter une simulation directe. À titre d'exemple, on peut envisager une simulation stochastique avec une méthode Monte-Carlo. On peut s'attendre à une atténuation des risques avec des expérimentations de type « What-if ». Ceci permet de prévoir l'impact des changements sur le MP.

Après avoir présenté les motivations derrière le développement de l'outil DSL4SPM, nous présentons les principales caractéristiques que doit incarner un outil de modélisation de processus. Ces caractéristiques ont été enrichies à travers le temps par nombre de chercheurs (Kelly *et al.*, 1996; Si-Said *et al.*, 1996; Conradi et Chunnian, 1998; Zamli et Lee, 2001; Arbaoui, *et al.*, 2002; Seidita, *et al.*, 2006; Niknafs et Ramsin, 2008). Le Tableau 3.1 positionne l'outil DSL4SPM avec quelques outils existants.

Tableau 3.1: Taxonomie des outils de modélisation des processus

Légende		DSL4SPM	LITTLE-JIL	EPF COMPOSER	UML4SPM
Totalement supportée ✓ Partiellement supportée ⚠ Non supportée ⊘					
Caractéristiques de l'outil de modélisation des processus					
Perspective					
Conformité avec SPEM 2.0		✓	⊘	✓	⚠
Support pour la modélisation		✓	✓	⚠	✓
Perspective orientée-Activité		✓	⊘	✓	✓
Perspective orientée-Situation		✓	✓	✓	⊘
Perspective orientée-Décision		✓	✓	⊘	⊘
Création					
Guidage dans la modélisation		✓	✓	✓	✓
Support de la précision, modularité et abstraction		✓	✓	✓	✓
support pour une notation graphique		✓	✓	⊘	✓
Compréhension		✓	⚠	⚠	✓
Richesse sémantique		✓	⊘	⚠	✓
Support pour la visualisation des processus		✓	⊘	✓	⚠
Utilisation					
Ordonnancement dynamique des activités		✓	⊘	⚠	⊘
Capacité d'une présentation multi vue (ex. liste d'activité, Connaissance, Risque, etc.).		✓	⊘	⊘	⊘
sémantique opérationnelle		✓	⊘	⚠	✓
Intégration avec un IDE		✓	⊘	✓	⊘
Capacité de simulation		✓	⊘	⊘	⊘
Support					
Approche de construction		✓	⚠	✓	✓
Technique de construction		✓	⚠	✓	✓
Évolution du MP		✓	✓	⚠	⚠

Support pour l'instanciation		✓	⊘	✓	✓
Exportation du MP (Ex. Site Web, Ms Project)		✓	⊘	⚠	⊘
Support pour le changement		✓	⊘	⊘	⊘
Validation automatique des inconsistances		✓	⊘	⊘	✓
Gestion des exceptions		✓	⚠	⚠	✓

3.2 Architecture de l'outil DSL4SPM

Avec l'outil DSL4SPM, nous ciblons la conformité avec la spécification SPEM 2.0 nommée « *SPEM Process with Behavior and Content* » (OMG:SPEM, 2008). Ce point de conformité est recommandé pour les éditeurs qui souhaitent se concentrer sur les aspects de modélisation.

Pour gérer la flexibilité des environnements de modalisation et améliorer leur capacité d'adaptation aux changements, il est nécessaire d'investir dans un méta-modèle flexible (Karagiannis et Kuhn, 2002). Conscients de ce fait, beaucoup d'efforts ont été consentis pour la conception du méta-modèle qui supporte l'outil DSL4SPM. La Figure 3.2 illustre l'architecture qui supporte l'outil DSL4SPM.

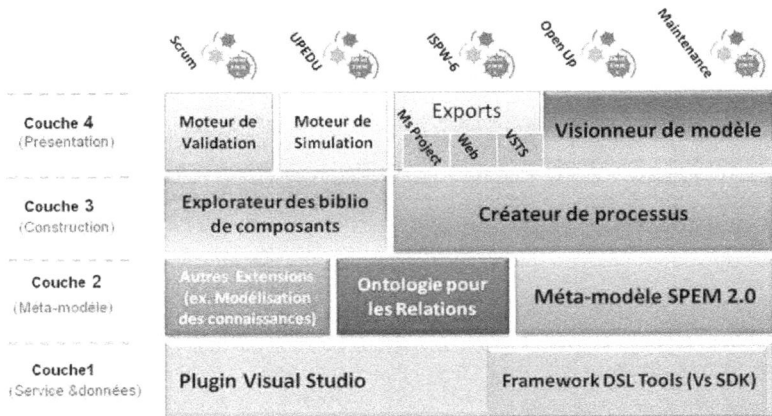

Figure 3.2: Architecture de l'outil DSL4SPM

Le choix d'une architecture organisée en couches permet une meilleure modularité de l'outil (Brinkkemper *et al.*, 1999). Ainsi, il est possible de capitaliser sur un niveau pour maximiser la réutilisation au niveau suivant. Aussi cette architecture modulaire offre une séparation étanche des préoccupations lors de la mise en œuvre. Concrètement, DSL4SPM est basé sur une architecture à quatre couches qui se décrivent comme suite :

❖ La couche 1 représente l'environnement et l'infrastructure technique qui ont été retenus pour la mise en œuvre de l'outil DSL4SPM. Le choix de l'IDE Visual Studio comme environnement est basé sur deux points clés : 1) le langage de programmation C# fournit le mécanisme de classes partielles. Ce mécanisme permet la séparation de l'implémentation d'une classe en plusieurs fichiers physiques (graphiques, code source spécifique, validation, etc.) ; et 2) le cadre technique DSL Tools soutient la création d'un langage graphique spécifique au domaine étudié. Ceci nous a permis d'améliorer la sémantique de SPEM avec un langage spécifique.

❖ La couche 2 représente le niveau méta-modèle. SPEM 2.0, avec son orientation Rôle-Activité-Artéfact, a été retenu sur le plan de la syntaxe et notation. Une approche ontologique pour la formalisation des relations entre les composants d'un MP nous a permis d'améliorer la sémantique de SPEM. Ce formalisme permet de : 1) raisonner sur un modèle de processus en exploitant les liens, 2) valider la cohérence du modèle (par exemple la vérification des types de liens qui peuvent être instanciés entre deux éléments donnés et 3) ajouter des attributs dans les relations afin de mieux caractériser l'interaction entre les différents éléments de SPEM. D'autres extensions sont proposées (ex. modélisation des connaissances qui fait l'objet du chapitre IV).

❖ La couche 3 représente l'interface de l'outil qui prend en charge la modélisation (ex. Tools Box, Scène de modélisation), les différentes structures de représentation du processus, et un élément spécifique nommé « Explorateur d'une bibliothèque de composants » qui assure la communication avec un référentiel de composants méthodologiques réutilisables.

❖ La couche 4 représente des composants de support pour la manipulation d'un modèle de processus. Le module « Visionneur de modèle » fournit une base structurée pour la navigation et la recherche d'informations. Il permet la représentation d'autres listes structurées (autres que la vue orientée activité) en faisant une lecture spécifique du référentiel contenant les composants et leurs connecteurs qui permet de récupérer les valeurs des attributs de chaque objet. Le système traite ensuite ces valeurs afin de consolider une vue donnée. Le module « Export » permet l'exportation du MP vers un site Web ou un outil de gestion de projet tel que MS Project. Le composant « Validation » est utilisé pour valider la cohérence d'un MP en fonction de règles prédéfinies (ex. existence d'un rôle primaire pour chaque tâche, au moins un produit d'activité lié à une tâche, etc.). Le composant « Simulation » permet de faire une simulation stochastique sur le modèle de processus.

Un des avantages de cette architecture tient de la réduction de la complexité du développement et du changement. Nous avons adopté une approche assez flexible qui laisse de la place à l'adaptabilité pour justement pouvoir réduire la complexité et répondre aux changements de l'environnement. En effet, étant donné qu'il s'agit, avant toute chose, d'un projet de recherche, les exigences ne sont pas clairement spécifiées et priorisées. Un deuxième avantage tout aussi important est lié à la stabilité de l'architecture, caractéristique que nous considérons essentielle pour l'évolution de l'outil.

3.3 Aperçu général sur le concept de relation dans UML

L'objectif de cette section est de décrire le concept de relation (connecteurs) dans UML dont SPEM hérite afin de proposer de nouveaux connecteurs spécifiquement pour le domaine des processus. Ces connecteurs permettent un enrichissement sémantique de SPEM. SPEM se présente sous la forme d'un profil UML, c'est-à-dire une extension d'UML avec un ensemble de stéréotypes, de valeurs balisées[3] et de contraintes. Les stéréotypes, balises et contraintes sont des mécanismes qui ajoutent des libellés et des restrictions sur les modèles UML afin d'indiquer qu'un concept UML donné sera utilisé pour

---

[3] Traduction libre de « *Tagged values* ».

représenter une intention différente. À titre d'exemple, l'ajout d'un libellé « Rôle » sur l'entité classe indique qu'il ne s'agit pas d'une classe ordinaire, mais d'un rôle. Le stéréotypage n'est pas problématique si le but est de représenter une abstraction dans un contexte d'analyse, par contre, si l'intention est d'exploiter le modèle (ex. pour consolider une vue), alors ces éléments pourront être dénués de sens (Henderson-Sellers, 2001). Cette limite sémantique exige non seulement un nouveau formalisme rigoureux, mais également un langage dédié au domaine de la modélisation des processus. Dans ce contexte, nous proposons une adaptation de SPEM avec un langage spécifique au domaine (DSL).

Dans UML, une relation représente les liens sémantiques qui peuvent exister entre des entités différentes. C'est une connexion entre deux classificateurs. Un lien est une instance d'une relation qui relie les instances de deux classificateurs. UML définit six types de relation : association, spécialisation/généralisation, flux, dépendance, réalisation et utilisation (OMG:UML, 2007) dont la description est présentée dans le Tableau 3.2. La Figure 3.3, extraite de (Rumbaugh *et al.*, 2004), illustre une vue conceptuelle partielle des relations définies dans UML. Nous allons les présenter et les classer en deux groupes principaux selon leurs intérêts sémantiques.

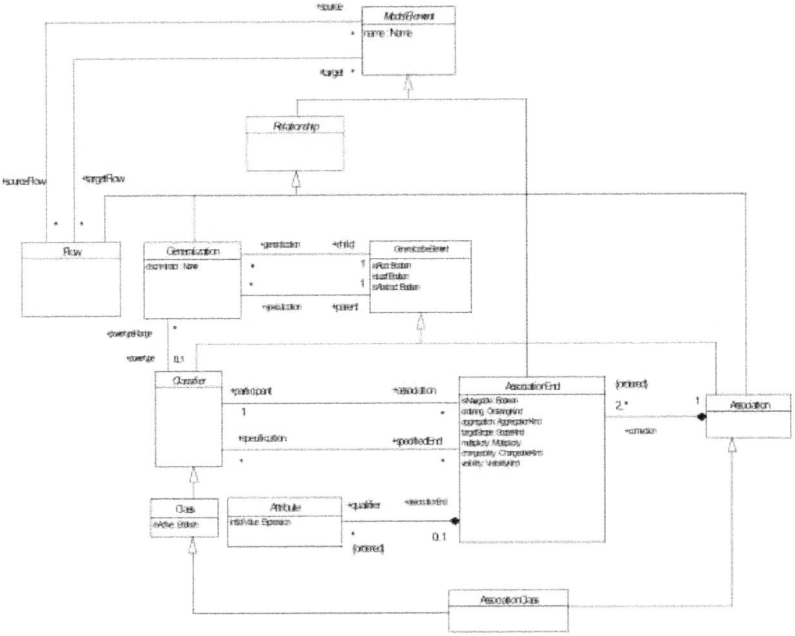

Figure 3.3: Vue conceptuelle des relations dans UML

Selon Rumbaugh et al., les attributs sont utilisés pour représenter les relations entre les objets et les valeurs, tandis que les associations sont utilisées pour représenter les relations entre les objets et d'autres objets (Rumbaugh, *et al.*, 2004).

Il ressort de la Figure 3.3 les quatre points importants suivants :

- La relation de type « Flow » agit directement sur les objets et non sur les classificateurs.
- La relation de type « Association » agit sur un classificateur pour l'élément source de la relation et sur des objets du classificateur cible de la relation.

62

- L'association classe hérite à la fois des classificateurs classe et association.
- La relation de type « Généralisation » permet de lier uniquement des classificateurs et ne s'intéresse pas aux instances de ces classificateurs.

Et par conséquent, cette variation dans les niveaux, qui est certes bénéfique pour le domaine de la modélisation OO, nécessite des adaptations profondes pour le domaine des processus. Ces adaptations doivent être apportées sur le méta-modèle UML et non pas juste par l'ajout de stéréotypes sur les relations.

Tableau 3.2: Description des relations telles que définies dans UML

Relation	Fonction	Notation
Association	Décrit la sémantique des interactions entre des objets instanciés à partir de classes différentes. C'est la seule relation au niveau objet, les autres relations impliquent des classificateurs.	
Dépendance	Décrit une sémantique opérationnelle d'implémentation des éléments du modèle en précisant les situations d'existence d'un élément par rapport à un autre. Dans ce contexte, un élément A dépend d'un élément B, lorsque A utilise les services de B. Par conséquent, chaque changement dans B peut avoir un impact sur A.	
Flux	Décrit l'évolution des états d'un objet dans le temps. Elle se concentre sur les différentes transformations de valeurs, d'état ou de localisation d'un seul objet à la différence de la relation de dépendance qui gère le lien entre plusieurs objets.	
Généralisation	Décrit les relations de généralisation qui permettent à différents classificateurs de partager des éléments en commun (ex. attributs, opérations et relations) afin de faciliter leur utilisation dans un schéma conceptuel. Il s'agit d'une taxonomie pour organiser les classificateurs parents (plus génériques) ou les classificateurs enfants (plus spécifiques) (Winston et al., 1987).	
Réalisation	Décrit la relation entre la spécification et l'implémentation. À titre d'exemple, spécification du comportement dans une interface ou l'implémentation et le comportement dans une classe.	

	Décrit une relation de dépendance qui indique que le comportement d'un élément du modèle dépend du comportement d'un autre. Cette relation est au niveau implémentation, elle se matérialise souvent par l'usage d'un package externe (ex. import en Java ou using en C#).	
Utilisation		$- - - - \Rightarrow$

En outre, toutes ces associations peuvent être classées en deux catégories : dépendance et spécialisation/ généralisation (Snoeck et Dedene, 1998). Dans le contexte du paradigme OO, pour lequel UML a été créé, les relations de dépendance sont sémantiquement très riches dans le sens où elles guident le contenu et le cycle de vie des objets. Le contenu dans le sens de quels sont les attributs et opérations de chaque classe ; le cycle de vie dans le sens de quelle classe est responsable de l'instanciation de quelles autres. Les relations de généralisation/spécialisation (i.e., « *A Kind Of* » et « *A Part Of* ») traitent l'organisation des instances de classificateurs dans le but de minimiser la complexité de la représentation du système (ex. héritage, agrégation et composition).

UML définit une association comme étant une spécification sémantique de relation qui peut se produire entre des instances typées et un lien comme étant une instance d'une association (OMG:UML, 2007). Force est de noter que dans un contexte OO, cette sémantique peut être dirigée vers trois niveaux d'abstraction : Analyse, conception et implémentation. Chaque niveau exige une intention précise et un degré de détail d'information spécifique. Le niveau analyse représente la logique derrière les concepts propres au domaine d'application. Le niveau conception ajoute un détail d'information de comportement externe, au sens quelle classe d'objets est responsable du cycle de vie de quelles autres. Le niveau implémentation représente les détails d'implémentation spécifique à chaque langage de programmation.

Deux classes d'association définies dans UML attirent notre intérêt : classe d'association et association qualifiée. Ces classes d'association présente de l'intérêt par ce qu'elles peuvent contenir des attributs et par conséquent peuvent supporter l'enrichissement sémantique qu'on vise dans le cadre de nos travaux.

❖ *Classe d'association*

UML définit le concept de classe d'association (*Association Class*) comme étant un élément du modèle qui possède à la fois les caractéristiques d'une relation et ceux d'une classe. Une classe d'association permet d'assurer le lien entre deux classificateurs d'une part, et d'autre part, elle offre un ensemble de fonctionnalités qui lui sont propres à travers ses propres attributs et opérations (OMG:UML, 2007). Une classe d'association assure la navigation entre les instances des classes impliquées dans la relation (Rumbaugh, *et al.*, 2004) et peut être instanciée de la même façon qu'une classe ordinaire. La Figure 3.4 illustre un exemple d'une classe d'association « *Employement* » qui contient trois attributs : période, poste et salaire. Ces attributs ne sont propres ni à la compagnie qui emploie plusieurs personnes, ni à la personne qui peut travailler pour plusieurs compagnies. Par conséquent, ces attributs doivent être enregistrés dans l'association elle-même, d'où le nom de classe d'association.

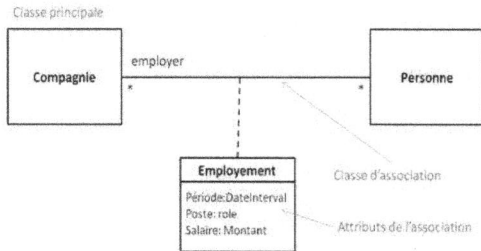

Figure 3.4: Exemple d'une classe d'association

65

❖ *Associations qualifiées*

UML offre la possibilité d'ajouter des qualificateurs (i.e., attributs) dans les associations. Une association dotée d'au moins un qualificateur est appelée association qualifiée. Dans le contexte du paradigme objet orienté, ces qualificateurs permettent de réduire la cardinalité des objets cibles, c.-à-d. permettre le choix d'un sous-ensemble d'objets parmi ceux participant à l'association tel que illustré à la Figure 3.5.

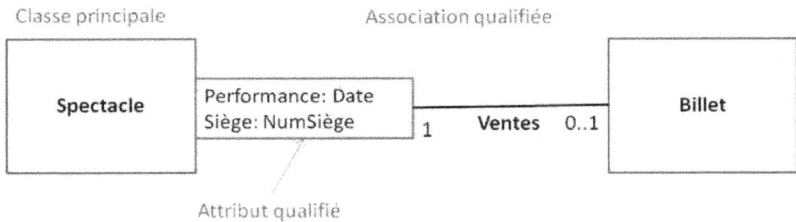

Figure 3.5: Relation qualifiée

Une association peut être unidirectionnelle ou bidirectionnelle. Certains auteurs préfèrent des associations bidirectionnelles (Papurt, 1994; Rumbaugh, *et al.*, 2004) dans un contexte d'analyse dans lequel on ne souhaite pas restreindre la navigabilité. D'autres préfèrent des associations unidirectionnelles pour une considération de clarification de la sémantique (Henderson-Sellers, 1998).

Le langage UML est fondé sur une vue statique (Rumbaugh, *et al.*, 2004). Cette vue permet de capturer la structure du système tout en se limitant à décrire les entités comportementales par une approche de modélisation discrète[4]. Or, un processus est dynamique par définition, ce qui implique que l'interaction est aussi importante que la structure dans un MP. C'est pour cette raison qu'il serait bénéfique de formaliser des connecteurs spécifiques au domaine des processus.

Avec UML, la sémantique dérivée des associations est efficace dans un contexte d'analyse et de conception pour les projets de niveau M_1 spécifiquement pour le paradigme OO, c'est sa raison d'être. Toutefois, la modélisation des processus répond à des critères et des considérations qui la distinguent du paradigme OO : (a) sa fonction essentielle est de fournir une description méthodologique ; (b) son intérêt est de guider la conduite d'un projet de développement ; (c) ses réalités et ses concepts ne sont pas tout à fait les mêmes qu'un projet logiciel. Toutes ces raisons nous indiquent que le langage UML, dans son état actuel, n'est pas approprié pour le cadre de la modélisation des processus.

3.4 Formalisme du méta-modèle

Réaliser un cadre de modélisation c'est formaliser un méta-modèle sur les plans syntaxe et sémantique. Cette façon de faire devrait garantir, d'une part, la cohérence au niveau méta-modèle et, d'autre part, une meilleure expressivité sémantique (Wand et Weber, 1993). Une approche ontologique a été adoptée pour la formalisation du méta-modèle sur lequel se base l'outil DSL4SPM.

Selon Gruber, une ontologie est une spécification explicite et formelle d'une conceptualisation du domaine à l'étude (Gruber, 1993; Gruber, 1995). Cette

---

[4] UML utilise d'autres vues notamment d'interaction et de machine à état pour la description des aspects dynamiques. Ces vues fournissent une sémantique plus détaillée.

spécification définit formellement le vocabulaire des concepts du domaine, leurs propriétés, et les relations et les contraintes entre ces concepts. Ce vocabulaire est utilisé par les utilisateurs dans le but de partager un corpus de connaissances.

L'approche ontologique est fréquemment utilisée pour mieux comprendre les problèmes de certains domaines notamment pour l'élaboration d'un méta-modèle (Wand, 1996; Gruninger et Jintae, 2002). Une ontologie est une description riche du domaine :

- Concepts, terminologie et nomenclature
- Propriétés qui définissent explicitement les concepts
- Relations entre les concepts (hiérarchie et association)
- Règle de distinction des concepts (restrictions, contraintes)

L'adoption d'un fondement ontologique pour l'édification d'un méta-modèle nécessite la réponse à deux questions (Wand et Weber, 1993) :

❖ Comment représenter un élément du domaine (concept ontologique) ? Pour répondre à cette question, nous proposons l'adoption de SPEM.

❖ Comment donner du sens à une construction syntaxique ? Pour répondre à cette question, nous proposons la formalisation de principes ontologiques pour faire une interprétation ontologique d'une construction donnée.

3.4.1 Syntaxe

Les concepts du domaine de la modélisation des processus sont ceux fournis par SPEM (ex. rôle, activité, artéfact) et d'autres que nous avons créés pour satisfaire des besoins nécessaires à la consolidation d'autres perspectives (ex.

gestion des connaissances). Pour chaque concept, les propriétés énoncées dans la spécification de SPEM ont été reprises, catégorisées et enrichies.

La Figure 3.6 illustre les deux principaux composants de SPEM : «*Method Content*» et «*Process with Methods*». La dernière version de SPEM adopte cette nouvelle organisation pour promouvoir la réutilisation des composants. Ainsi, l'ingénieur des processus bâtit une bibliothèque d'éléments SPEM à partir de laquelle il choisit les composants à instancier pour personnaliser un processus.

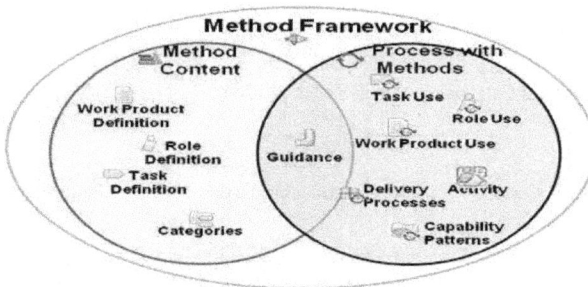

Figure 3.6: deux principaux composants de SPEM tirée de (OMG:SPEM, 2008)

La « *Method Content* » contient les définitions des éléments de base : « *Role* », « *Task* », « *Work Product* » et « *Guidance* » qui sont utilisés pour édifier un processus. Ils sont classés dans des « catégories » (ex. *Disciplines, Domains, WorkProduct Kinds, Role Set, Tools*) pour en faciliter l'accès lors de leur utilisation. L'élément « Guidance », qui peut prendre plusieurs formes telles que : guidelines, check-lists, exemples ou Templates, est à l'intersection de « *Method Content* » et « *Process with Methods* » parce qu'il peut servir aussi bien pour les éléments de base que pour les instances de processus.

Le « *Process with Methods* » contient une ou plusieurs instances de processus « *Delivery Process* ». Un processus se présente sous la forme d'une liste séquentielle ordonnée d'activités décrivant le flux de travail à réaliser. L'activité est un conteneur de « *Task Use* », « *Role Use* » et « *Work Product Use* ». Ces derniers sont exprimés sur la base des éléments de « *Method Content* » afin de privilégier la réutilisation des éléments prédéfinis en les instanciant dans des processus différents. Ce mécanisme de réutilisation est aussi assuré par le conteneur « *Capability Patterns* » qui sert de conteneur pour des blocs (i.e., composants plus grossiers) de processus réutilisables.

Le Tableau 3.3 présente la liste des concepts les plus importants tels qu'ils sont définis dans SPEM 2.0. Le lecteur est invité à voir la liste complète dans la spécification de SPEM (OMG:SPEM, 2008).

Tableau 3.3: Concepts d'un MP tels que définis dans SPEM 2.0 (Stéréotypes UML)

Concept	Description	icône
Activity	L'activité définit une unité de travail basique dans un processus. SPEM ne limite pas la granularité de l'activité. En effet ce regroupement logique peut être constitué d'une tâche ou d'un sous-processus.	
TaskDefinition	Élément de la « *Method Content* » qui décrit une unité de travail assignable à un rôle spécifique. Généralement la granularité d'une tâche varie de quelques heures à quelques jours. Elle présente toujours une description, un objectif et éventuellement des étapes si nécessaire.	
TaskUse	Élément de la « *Method Content Use* » qui raffine un *TaskDefinition* pour le représenter dans la liste ordonnancée du processus (*Breakdwon structure*). À titre d'exemple, on peut spécifier qu'à ce moment du processus, la *TaskUse* utilisera seulement un sous-ensemble des étapes précédemment définies dans la *TaskDefinition*.	
RoleDefinition	Élément de la « *Method Content* » qui décrit l'ensemble des habilités, compétences et responsabilités d'une entité abstraite. Cette entité abstraite fera l'objet d'une assignation à une personne concrète lorsque vient le moment de gérer les ressources du projet.	

RoleUse	Élément de la «*Method Content Use*» qui raffine l'élément *RoleDefinition* pour l'adapter à une activité spécifique. Ainsi, on peut dériver plusieurs *RoleUse* à partir d'un même *RoleDefinition*.
WorkProduct Definition	Élément de la «*Method Content*» qui décrit un objet créé ou consommé par l'élément *TaskDefinition*. Il est aussi un élément de responsabilité du *RoleDefiniton*. Il peut être catégorisé en : artefact, *deliverable* ou *outcome*. L'artefact est un objet tangible, le *deliverable* représente ce qui a de la valeur (matériel ou service) et le *outcome* qui est un objet non tangible, par conséquent non réutilisable et ne peut avoir de Template pour le matérialiser (ex. configurer une machine).
WorkProductUse	Élément de la «*Method Content Use*» qui raffine l'élément *WorkProduct Definition* pour l'adapter à un contexte spécifique.
ContentPackage	il s'agit d'une librairie qui contient les éléments de processus réutilisables tels que *TaskDefnition*, *RoleDefinition*, *WorProductDefinition* et guides. Cette librairie contient aussi des classificateurs comme les «*Standard Categories*» pour faciliter la catégorisation des éléments de la librairie.
ProcessElement	À l'instar de *ContentPackage*, *ProcessElement* est une librairie de processus prêt à être utilisée. Ce conteneur contient un ou plusieurs *DeliveryProcess* ainsi que des blocs de processus nommés «*Capability Patterns*» qui peuvent être réutilisés pour consolider de nouveaux processus.
DeliveryProcess	C'est un processus spécifique qui décrit, de façon complète, l'approche de réalisation d'un type de projet. Cette description met l'accent sur le cycle de vie complet de réalisation du projet par le biais d'une liste ordonnée d'activités.
Milestone	C'est une composition d'éléments de travail. Elle représente une étape importante du projet. Généralement c'est l'indicateur de la fin d'une phase.
Phase	La phase représente une étape significative pour le projet. Elle se termine toujours par un jalon (Milestone) ou un ensemble de livrables. En général chaque phase se concentre sur une étape donnée du projet (ex. analyse, conception, implémentation) et fait donc appel à des rôles avec des habilités spécifiques.
Itération	L'itération est un concept de management. C'est un ensemble d'activités qui sont répétées au moins une fois. Les itérations sont planifiées pour clarifier la vision ou autrement dit pour gérer le risque.
Guidance	Fait référence à tout matériel qui fournit plus d'information sur les autres éléments SPEM. À tire d'exemple, des guides qui décrivent comment réaliser une tâche ou qui ajoutent des règles ou des recommandations pour une représentation d'un produit d'activité.

Le concept d'activité tel que défini dans SPEM reste vague et ambigu. En effet, comme illustré à la Figure 3.7, un type d'activité peut-être soit un processus en entier, soit une phase ou soit une itération (OMG:SPEM, 2008).

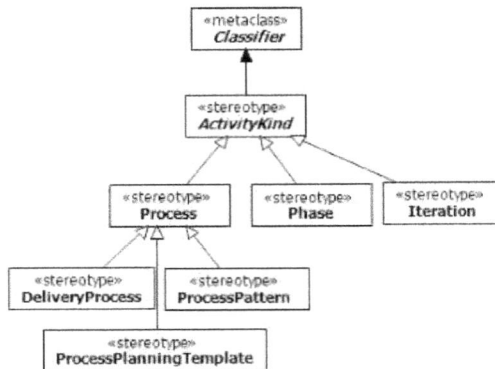

Figure 3.7: Classification des types d'activité réf (OMG:SPEM, 2008) p 155

Nous considérons une activité comme un conteneur qui sert à organiser logiquement des tâches, rôles et produits d'activité. Autrement dit, une activité est considérée comme étant un ensemble de n-uplets < tâches, rôles, produits d'activité>. La granularité de ce conteneur est variable.

Les concepts de SPEM ont été étendus avec d'autres concepts jugés nécessaires pour la modélisation des processus dits agiles. En plus, nous proposons de nouveaux concepts. À titre d'exemple, la Figure 3.8 présente la méta-classe « *KnowledgeElement* » qui généralise deux classificateurs du domaine : « *Meeting* » et « *ExternalInformation* ». Le premier classificateur permet d'ajouter dans le modèle du processus des réunions pour capter et synchroniser les connaissances tacites des membres de l'équipe. Le classificateur « *Meeting* » est lié au même concept Rôle avec deux types de liens (*MeetinghasAdditionalRole* et *MeetingReferencesTargetProxyRole*), alors que le classificateur « *ExternalInformation* » permet de matérialiser le lien vers d'autres sources d'information (ex. documentation pour des systèmes existants, Framework, API existantes, etc.).

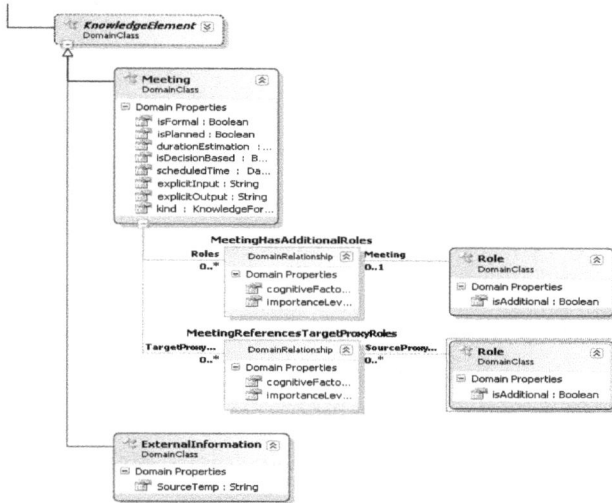

Figure 3.8: Méta classe pour la modélisation des éléments de connaissance

Le standard SPEM présente des concepts qui enrichissent la syntaxe et la notation d'un MP. Toutefois, il reste relativement abstrait et manque d'une description formelle de sa sémantique ce qui limite son utilisation. En plus, cette sémantique, réduite et guidée vers un seul sens (i.e., perspective orientée-Activités), ne reconnait pas l'importance de l'ensemble des préoccupations (ex. productivité, connaissances, risques, etc.). Nous proposons à la section suivante une formalisation de cette sémantique sur la base de relations attribuées.

73

3.4.2 Fondement ontologique pour les relations : la sémantique

Les méta-modèles sont généralement décrits au sein de la spécification d'un cadre (*Framework*). Toutefois, la description des méta-modèles est souvent faite de façon ad hoc ce qui peut générer des ambiguïtés ou des inconsistances dans les modèles. Pour améliorer la qualité de la construction de notre méta-modèle, nous avons exploré les principes ontologiques[5]. Ces principes seront d'une utilité capitale notamment pour supporter le raisonnement sur les modèles.

En effet, le besoin d'adresser plusieurs perspectives en utilisant le même modèle nécessite de raisonner sur l'ensemble du référentiel du modèle (i.e., éléments et relations) pour donner du sens au modèle selon une préoccupation donnée (perspective). Plus spécifiquement, on donne du sens (enrichissement sémantique) au modèle en raisonnant sur les relations entre les éléments structurant le modèle pour générer des vues et des tableaux de bord. Ce nouveau centre d'intérêt qui met l'accent davantage sur les relations entre les éléments du modèle nécessite l'établissement de principes au niveau du méta-modèle pour prévenir l'ambigüité et l'inconsistance. Pour ce fait, nous avons utilisé, sur une vue purement organisationnelle, les principes pour la construction des ontologies vu qu'on gère au niveau de notre méta-modèle des concepts et les relations entre ces concepts.

Nous avons donc utilisé le guide de construction des ontologies utilisé par l'outil protégé 2000 (Horridge, 2004) dans le but de formaliser certaines propriétés des relations :

---

[5] Il ne s'agit pas de construire une base de connaissances directement consommable (ex RDF ou OWL), mais plutôt d'un enrichissement sémantique au niveau méta-modèle.

a. Propriété de l'inverse

Une relation peut avoir une propriété inverse. Par exemple, la relation « *TaskHasSteps* » possède la propriété inverse « *partOfTask* ». Cette propriété implique que si la tâche T_i à une étape S_i, alors la propriété inverse nous permet de déduire que S_i fait partie de T_1.

b. Propriété fonctionnelle

Une relation possède la propriété fonctionnelle si pour un élément donné il existe au moins un élément qui lui soit lié. Par exemple, on doit avoir un rôle responsable pour chaque artefact (Rôle$_n$ « *isResponsibleFor* » Artefact$_m$).

c. Propriété fonctionnelle inverse

Si une relation possède la propriété fonctionnelle alors sa relation inverse doit aussi être fonctionnelle. Cette relation implique sémantiquement que si **Rôlea** et **Rôleb** sont tous les deux responsables de l'**Artefact$_m$**, alors la propriété fonctionnelle inverse implique que **Rôlea** et **Rôleb** sont les mêmes.

d. Propriété transitive

Une relation est dite transitive lorsque les relations entre les éléments (**A**, **B**) et (**B**, **C**) implique une relation entre **A** et **C**. À titre d'exemple, si la tâche$_a$ précède une tâche$_b$ et que la tâche$_b$ précède la tâche$_c$, alors la tâche$_a$ précède la tâche$_c$.

e. Propriété de symétrie

Si une relation possède la propriété de symétrie, alors qu'à partir d'une relation entre **A** et **B** on peut inférer que **B** est en relation avec **A**. Dans notre méta-modèle, nous avons des relations à sens unique et d'autres bidirectionnelles.

f. Propriété d'antisymétrie

Une relation antisymétrique implique que si un élément **A** est en relation avec l'élément **B** alors l'élément **B** ne peut pas être en relation avec **A**. Par exemple, la relation « *partOfTask* » indiquant qu'une étape fait partie d'une tâche est antisymétrique vu qu'une tâche ne peut être une partie d'une étape.

g. Propriété réflexive

Une relation est dite réflexive si un élément peut être lié à lui-même. À tire d'exemple, un artefact peut être lié à lui-même pour indique que c'est un livrable via la relation « *isDeliverable* », alors qu'une tâche ne peut pas être liée à elle-même.

h. Propriété de non-réflexivité

Une relation est non réflexive si elle ne permet pas de lier un élément à lui-même. Par exemple, pour lier la tâche à elle-même via une relation de préséance « *isPrecededBy* ».

Pour simplifier la présentation du formalisme de notre méta-modèle et valider sa cohérence sur le plan de la sémantique, nous proposons l'utilisation de la logique de premier ordre (*First-Order Logic*). Pour ce faire, nous définissons un ensemble d'axiomes, de prédicats et de propriétés relatifs aux éléments et aux relations du méta-modèle.

Axiome E1:	Un MP ne peut avoir qu'une et une seule instance de l'objet « *GlobalParameter* ».
	Soit MP le prédicat pour un modèle de processus et GlobPar le prédicat de référence d'un MP à un objet GloabaParameter.
	$\forall x. (MP(x) \rightarrow \exists y\, GlobPar(x,y))$ *et*
	$\forall x, y, z. (MP(x) \wedge GlobPar(x,y) \wedge GlobPar(x,z) \rightarrow (y = z))$

La méta classe du domaine « *GlobalParameter* » contient les paramètres globaux d'un MP tels que : la version, le fichier des règles de validation, les paramètres visuels, les paramètres de simulation, etc. Cette méta classe est directement liée à la racine du MP.

Axiome E2:	Un MP possède un et un seul conteneur pour les éléments réutilisables
	Soit MP le prédicat pour un modèle de processus et RE le prédicat pour un élément réutilisable.

$$\forall x. \big(MP(x) \rightarrow \exists\, y\, RE(x,y)\big) \; et$$

$$\forall x, y, z. \big(MP(x) \wedge RE(x,y) \wedge RE(x,z) \rightarrow (y = z)\big)$$

Dans la scène de modélisation, il existe une zone spécialement dédiée à l'instanciation des éléments réutilisables. Les éléments réutilisables peuvent êtres soit : (i) *ContentPackage* pour se connecter à une bibliothèque externe de composants ; (ii) une collection des *guidances* pour le processus ; (iii) une collection des *Milestone* et (iv) des *CapabilityPattern* pour gérer des blocs de processus réutilisables. Nous considérons que ces éléments réutilisables ont une portée plus large qui dépasse la portée de la phase. Ils doivent être visibles, mais séparés des éléments SPEM qui ont une portée plus réduite (i.e., phase).

Axiome E3:	Un conteneur pour les éléments réutilisables peut contenir les classes d'éléments: 0..* *ContentPackage*, 0..1 *MilestoneCollection*, 0..1 *GuidanceCollection*, 0..* *Categories*, 0..* *CapabilityPatterns*.
	Considérons CPg, MC, GC, CT, CPt respectivement les prédicats pour *ContentPackage*, *MilestoneCollection*, *GuidanceCollection*, *Categories*, *CapabilityPatterns*.

$$\forall x. (RE(x) \rightarrow CPg(x) \vee MC(x) \vee GC(x) \vee CT(x)$$

$$\vee\; CPt(x))$$

Cet axiome implique que seuls les éléments prédéfinis peuvent être instanciés dans la zone des éléments réutilisables. La zone des éléments réutilisables est présentée dans la scène de modélisation comme une phase avec une couleur différente de celle des phases ordinaires.

Axiome E4:	Un MP possède 1..* phases
	Soit PH le prédicat d'une phase et Rc le prédicat pour la relation de classification d'un MP en phase (voir Axiome R2 en bas).
	$$\forall x. (MP(x) \rightarrow \exists y. PH(x,y))$$

On remarque la cardinalité 1..* de la relation de classification entre un MP et ses phases. Ceci est dû au fait que les éléments SPEM ne peuvent être instanciés que dans une phase d'où le minimum de 1 et il n'y a pas de maximum pour le nombre de phases dans un MP.

Axiome E5:	Une phase contient 0..* *OperationalElements*
	Ce prédicat est toujours vrai.

Axiome E6:	Un *OperationalElement* est soit un *SPEMElement* soit un *KnowledgeElement*
	Soit OP, SE et KE les Meta classes concrètes de *OperationalElement*, *SPEMElement* et *KnowledgeElement* respectivement.
	$$\forall x. (OP(x) \rightarrow SE(x) \vee KE(x))$$

La Meta classe *OperationalElement* constitue le point d'extension de notre méta-Modèle. Nous proposons pour le moment une seule extension liée à la modélisation des éléments de connaissance dans un MP.

Axiome E7:	Un *SPEMElement* est concrètement une des classes suivantes : *Task, Role, WorkProduct* ou *Guidance*
	Considérant T, R, WP et Gu les prédicats respectivement d'une *Task, Role, WorkProduct* et *Guidance*.
	$$\forall x. (SE(x) \rightarrow T(x) \vee R(x) \vee WP(x) \vee Gu(x))$$

Cet axiome assure la complétude de la classification au niveau du méta-modèle. Tous les éléments SPEM instanciés dans un MP sont des dérivés du classificateur SPEMElement.

Axiome E8:	La notation graphique des éléments et des liens du MP dépendent des valeurs de leurs attributs
	Considérant *attribt* comme étant le prédicat de l'existence d'un attribut et Ra le prédicat de l'existence d'une relation de type association (voir axiome R2).

$$\forall\, x.\, MP\,((OP(x) \wedge \exists\, attribt(x) \rightarrow notationG\,(x))\ \text{et}$$
$$\forall\, r.\, MP\,((Ra(r) \wedge \exists\, attribt(r) \rightarrow notationG\,(r))$$

Pour assurer une meilleure flexibilité au niveau de la notation graphique, le système est en mesure d'adapter la notation suite au changement d'un attribut donné, et ce, aussi bien pour les éléments du domaine que leurs relations. À titre d'exemple, l'icône de l'élément *Workproduct* (WP) change automatiquement si l'utilisateur modifie le type du WP (i.e., *Artefact*, *Outcome* ou *Delivery*).

Les axiomes suivants sont dédiés aux relations entre les éléments du Modèle de processus (MP).

Axiome R1:	Une relation entre deux éléments du modèle est unidirectionnelle
	Soit R le prédicat de l'existence d'une relation entre deux éléments du modèle de processus.

$$\forall\, xy\,[\,x\,R\,y \rightarrow \sim (y\,R\,x)]$$

Cet axiome précise la sémantique. Si dans UML les relations sont bidirectionnelles, nous avons fait le choix de préciser dans notre méta-modèle le sens de chaque relation. À titre d'exemple, une relation d'une tâche vers un artefact indique que l'artefact est produit suite à la réalisation de la tâche, alors qu'une relation d'un artefact vers une tâche indique que l'artefact est consommé dans la réalisation de la tâche. Ainsi, la notation des deux liens n'est pas la même.

Axiome R2:	Une relation entre deux éléments du modèle ne peut être qu'un classificateur ou une association
	$\forall x. (Rc(x) \lor Ra(x))$

Cette relation est importante dans le sens où il n'est pas possible d'instancier un nouveau type de relation autre que le type classification ou association. Nous pouvons aussi en déduire qu'étant donné MR_a et MR_c deux méta Classes pour les relations, on a : $\forall x. MRa(x) \rightarrow \neg MRc(x)$.

Axiome R3:	Une relation d'association peut contenir 1..* attributs
	Soit Ra le prédicat pour une relation d'association et MA un prédicat pour un méta attribut.
	$\forall r. (Ra\ (r) \rightarrow \exists y. MA(r,y))$

La cardinalité 1..* implique l'existence d'au moins l'identifiant comme attribut et * pour indiquer qu'il y a pas de limite à l'ajout des attributs nécessaires à l'édification d'une vue donnée.

Axiome R4:	Une relation de classification ne peut contenir aucun attribut
	Soit Rc le prédicat pour une relation de classification et MA un prédicat pour un méta attribut.
	$\forall r. (Rc\ (r) \rightarrow \neg \exists y. MA(r,y))$

Axiome R5:	Une relation du méta-modèle de type classification n'est représentée par aucune notation graphique.
	Soit notationG le prédicat pour la notation graphique.
	$\forall r\ (Rc(r) \rightarrow \neg \exists notationG\ (r)$

On remarque que les relations de type classification servent uniquement à structurer le méta-modèle. Nous avons préféré ajouter des liens des super méta classes vers les sous méta classes pour alléger l'interface graphique. Ainsi, nous avons moins de liens apparents sur la scène de modélisation.

Axiome R6:	La notation graphique du lien dépend des éléments sources et cibles du Modèle et du sens de la relation.
	Soit Es et Ec les prédicats respectivement pour les éléments source et cible d'une relation. Ra étant la relation entre ces deux éléments.

$$\forall\, x, y, r.\, (Es(x) \land Ec\,(y)\, \land\, Ra(r) \to notationG(r))$$

Bien que Everman et Wand suggèrent, dans le contexte d'UML, qu'une classe d'association ne doit pas contenir des opérations (Evermann et Wand, 2005), nous faisons la démonstration qu'il y a du potentiel à exploiter les classes d'association notamment pour une meilleure sémantique. À titre d'exemple, la relation « *Perform* » entre l'entité rôle et tâche peut contenir des attributs relatifs à l'aspect cognitif déployé par le rôle pour la réalisation de la tâche. Ceci implique qu'on peut consolider une vue cognitive sur la base d'un modèle orienté-Activité.

Nous présentons ci-dessous quelques propriétés pour les connecteurs :

Propriété 1:	Transitivité
	La transitivité implique que si l'élément **A** est lié à l'élément **B**, et l'élément **B** est lié à l'élément **C**, alors l'élément **A** est lié, par transitivité, à l'élément **C**.

$$\forall x. y. z.\, (R(x, y)\, \land\, R(y, z) \to R(x, z))$$

Cette relation est très importante pour pouvoir dresser une liste ordonnée des éléments du MP selon un flux donné (ordonnancement des tâches, éléments de connaissance, risque, etc.). Par transitivité nous pouvons traverser le référentiel des éléments du MP, extraire les informations sur les liens et déduire l'ordre des tâches par exemple.

Propriété 2:	Symétrique
	La symétrique implique que si l'élément **A** est lié à l'élément **B**, alors l'élément **B** est lié à l'élément **A**. $$\forall x.y.(R(x,y) \rightarrow R(y,x))$$

La relation «*TaskHasPerform*» est symétrique alors que la relation «*TaskHasSteps*» ne l'est pas. La première relation implique la déduction des rôles en fixant la tâche, alors que la deuxième implique qu'un «*Step*» ne peut pas contenir un «*Task*».Une deuxième relation avec le sens inverse sera redondante. Le système peut toujours déduire la relation inverse. À titre d'exemple une tâche à une relation avec ses étapes : « *TaskhasStep* », cette relation n'est pas symétrique (i.e., une étape ne peut pas contenir des tâches) mais par raisonnement, le système est capable de récupérer pour chaque étape la tâche mère à laquelle elle appartient. Cette facilité est due au fait que le référentiel du MP est organisé en arbre.

Propriété 3:	Antisymétrique
	L'antisymétrie permet de vérifier qu'il ne se forme pas de cycle lors de la création des relations. Ainsi, une relation est dite antisymétrique si elle permet de lier l'élément **A** à l'élément **B** tout en refusant une relation inverse de **B** vers **A**. $$\forall x,y.(R(x,y) \rightarrow \neg R(y,x))$$

D'une part et à titre d'exemple, la relation «*TaskHasPerformers*» est inverse, le lien est le même que ce soit le rôle ou la tâche qui est l'origine ou la cible de la relation. Un exemple d'une relation non inverse est celle entre une «*Task*» et un «*WorkProduct*», le sens de la relation indique le fait qu'un

«*WorkProduct*» est produit ou consommé par la tâche à travers la relation «*TaskHasWorkProducts*».

D'autre part, la propriété 3 est capitale pour le respect de la consistance dans les relations tout-partie (*whole/part*). À titre d'exemple, une tâche est composée d'étapes, la relation entre ces deux éléments est antisymétrique. Par conséquent, le système n'offre pas de possibilité pour qu'une tâche soit modélisée comme étant une partie d'une étape.

Propriété 4:	Réflexivité

La réflexivité permet de lier un élément **A** à lui-même.

$$\forall\ x.\,(R(x,x))$$

À titre d'exemple, la réalisation d'une tâche peut exiger un rôle primaire et des rôles additionnels. Ces objets sont des instances de la même classe rôle du domaine, mais il existe une relation spécialement réflexive nommée « *RoleHasTargetRoles* » pour lier un rôle primaire aux rôles additionnels.

Propriété 5:	Antiréflexive

L'anti réflexivité revient à vérifier qu'un élément **A** ne peut être lié à lui-même.

$$\forall x.\,(\neg\,R(x,x))$$

À titre d'exemple, un *Milestone*, qui est une composition d'artéfacts, ne peut pas faire référence à lui-même pour éviter une boucle cyclique. La même propriété a été utilisée pour vérifier les liaisons tâche à tâche dans la relation «*TaskReferencesTargetTasks*» dans le but d'avoir un ordonnancement des tâches cohérent.

En conclusion, la richesse sémantique fournie par l'approche de modélisation que nous proposons est basée sur les relations attribuées entre les éléments de SPEM. Une approche ontologique formalise ces relations avec les objectifs suivants :

- Préciser la sémantique.
- Valider au niveau méta-modèle la cohérence d'un MP.
- Simplifier le langage pour qu'il soit compris pas des machines.
- Raisonner pour consolider une vue selon des préoccupations données.

3.4.3 Exemple illustratif

La Figure 3.9 présente : *(1)* la définition de quelques classes et relations propres au domaine de la modélisation des processus ; et *(2)* une modélisation possible réalisée en conformité avec le méta-modèle. On remarque que le classificateur du domaine nommé « *Task* » possède des relations avec les classificateurs : « *Step* », « *Role* », « *WorkProduct* » et « *Task* », ceci implique la possibilité d'instancier des liens lors de la modélisation.

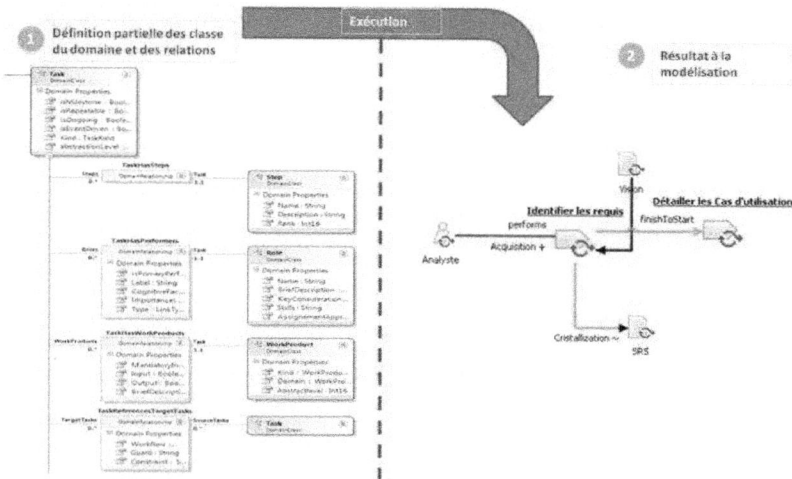

Figure 3.9: (1)- Classes et Relations du domaine vs (2)- Le résultat à la modélisation

Comme on peut le constater à la Figure 3.9, il est possible de définir plusieurs relations entre les éléments SPEM. Ceci améliore l'expressivité dans la modélisation et permet la consolidation de plusieurs vues sur la base du même modèle. Pour simplifier le nombre de liens apparents dans la scène de modélisation, nous avons ajouté une fonction qui permet de cacher ou d'afficher des catégories de lien dans la scène tout en gardant l'information disponible au niveau du système.

3.5 Mise en œuvre du cadre de modélisation DSL4SPM

3.5.1 Présentation du méta-modèle

La Figure 3.10 présente une vue globale du méta-modèle sous la forme d'une carte de navigation dans le but de comprendre l'ensemble des méta-classe ainsi que les relations qui les lient.

Un MP est constitué de (i) phases telles que définies dans SPEM, (ii) d'un « *Packaging* » dédié aux éléments réutilisables (ex. des *MethodContent*) ou aux éléments qui ont une portée globale (ex. Guidance pour le MP, Blocs de processus, etc.) et (iii) d'une méta-classe nommée « *GlobalParameter* » pour enregistrer la configuration et les paramètres du MP (ex. paramètres de simulation, emplacement de l'arbre des concepts, métadonnées pour la gestion des versions, etc.).

Une phase peut contenir des annotations ou des « *OperationalElement* ». Les annotations sont généralement des mémos qui expliquent le rationnel d'un choix dans le but de faciliter la lecture du MP par une personne autre que celui qui l'a produit. Les annotations peuvent aussi contenir des commentaires, des conseils et autres, tandis que les « *OperationalElement* » contiennent deux catégories d'éléments : les éléments SPEM et les éléments de connaissance.

Les éléments SPEM sont soit des tâches, des rôles, des produits d'activité ou des guides. Ces éléments ont la même définition et le même sens tel que énoncé dans la norme SPEM 2.0 (OMG:SPEM, 2008). Une tâche peut contenir un des sous éléments suivants : étapes, outils, pré conditions et post conditions. Ces sous éléments raffinent la description de la tâche qui constitue l'unité de travail dans SPEM.

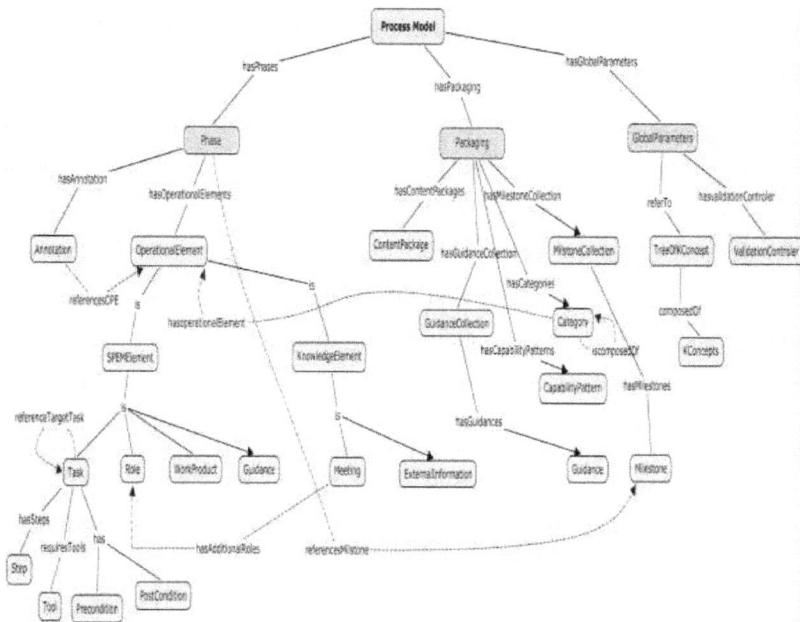

Figure 3.10: Une vue ontologique du méta-modèle

Les éléments de connaissance sont des concepts nouveaux que nous avons rajoutés pour satisfaire certains besoins liés notamment à la création et gestion des connaissances, à savoir, des réunions ou informations externes. Les réunions (i.e., travail face-à-face) sont certains des éléments clés du mouvement agile. Selon le modèle de création des connaissances de Nonaka et Takeuchi (Nonaka et Takeuchi, 1995), la création de connaissance commence par la socialisation. Le deuxième élément nommée « *ExternalInformation* » a été ajouté suite à l'observation des étudiants dans leurs approches de travail. À titre d'exemple, pour résoudre un problème, un étudiant commence par chercher s'il n'y a pas une API ou un bout de code (ex. dans '*sourceforge*') qui lui permettrait de gagner un peu de temps. Les forums aussi constituent une bonne source de connaissances.

L'élément « *Packaging* » peut contenir des composants qui assurent le lien vers des librairies de composants réutilisables. Ces composants assurent, d'une façon transparente pour l'utilisateur, l'utilisation du contenu (ex. tâche, rôle, guides, etc.) qui est stocké dans ce qui est appelé une « *MethodContent* » dans le jargon de SPEM. L'élément « *Packaging* » contient aussi une collection de *Milstones* et une collection de guides pour le processus comme il peut contenir des blocs de processus réutilisables emmagasinés dans les « *CapabilityPattern* ».

La Figure 3.11 et la Figure 3.12 présentent des vues conceptuelles partielles du méta-modèle en mettant l'accent sur les connecteurs entre les différents composants du processus.

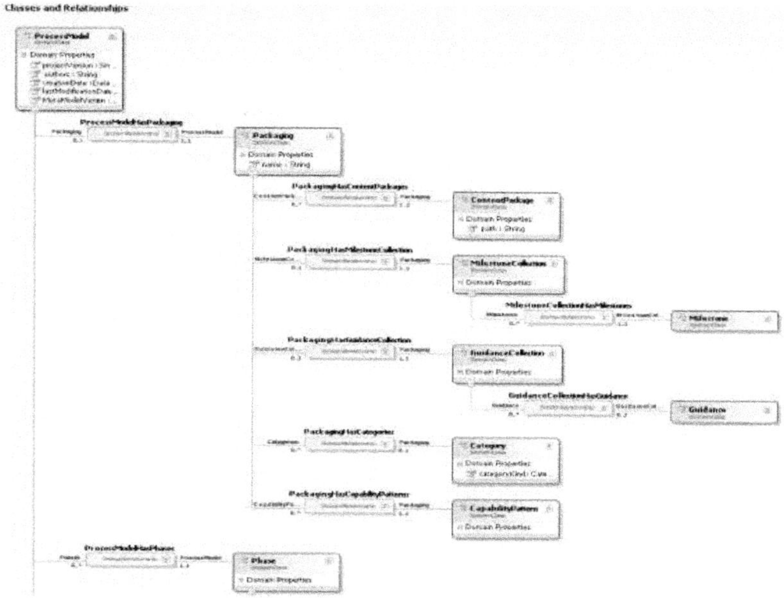

Figure 3.11: Vue conceptuelle partielle des éléments réutilisables dans le méta-modèle

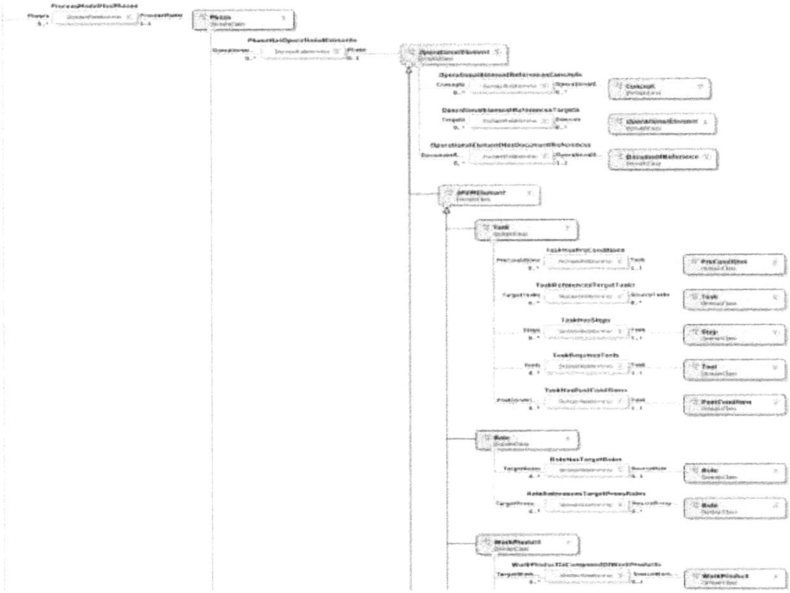

Figure 3.12: Vue conceptuelle partielle des éléments opérationnels dans le méta-modèle

Un des avantages principaux de l'adoption d'un méta-modèle réside dans le fait qu'il permet de garantir une certaine cohérence lors de la modélisation des MP. En effet, le système ne peut permettre que des constructions qui ont été clairement spécifiées en respectant le sens de la relation et les cardinalités permises.

La section suivante présente les interfaces de l'outil DSL4SPM et les fonctionnalités principales qu'il offre.

3.5.2 Composants de l'interface graphique de DSL4SPM

La Figure 3.13 présente l'environnement de modélisation supporté par DSL4SPM. Cet environnement est organisé autour de sept zones principales :

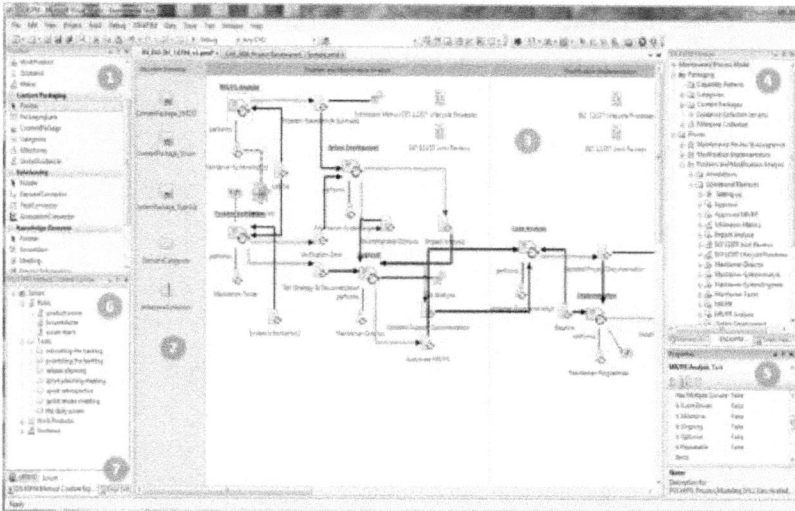

Figure 3.13: Interface de modélisation de DSL4SPM

- La zone 1 représente la «*ToolBox*» des éléments instanciables classés par groupe :

  ⊕ Éléments SPEM : comprend les éléments énoncés dans la spécification de SPEM. Par exemple, le « drag and drop » de l'icône « *task* » dans la partie inférieure gauche de la zone 3 permet d'instancier une tâche comme « *Problem Verification* ». Les sous-éléments d'une tâche (ex. étapes, pré-condition, post-condition) peuvent être spécifiés en accédant au formulaire personnalisé de la tâche (double clique sur l'icône dans la scène de modélisation).

  ⊕ *Content packaging* : comprend un groupe d'éléments spécifiés dans SPEM qui ont une portée plus globale. Cette portée peut aussi bien satisfaire un besoin de généralisation qu'un besoin de réutilisation. Les éléments de ce groupe ne sont instanciables que dans la *Swimlane*

91

« *Global Package Elements* » (zone 2) qui est unique dans un modèle de processus. Ci-dessous une brève description de ces éléments :

✓ ContentPackage : conteneur pour des éléments réutilisables tel que la définition des rôles et guidances. Une interface spécifique a été implémentée pour assurer une connexion directe vers les « ContentPackage » d'EPF Composer dans le but de récupérer les concepts réutilisables.

✓ Catégories standards : conteneur de catégories pour classer les éléments de SPEM. À titre d'exemple, un « *Task* » peut être classé dans une Discipline et un Domain ; un rôle dans un « *Role Set* ». DSL4SPM offre la possibilité d'importer, en format XML, des classificateurs tels que ceux utilisés dans les processus *OpenUP* ou *Scrum*.

✓ Catégories personnalisées : sert à créer d'autres types de catégorisation non disponibles dans « Catégories standards ». À titre d'exemple, le concepteur peut ajouter une catégorisation qui respecte la définition des *WorkItems* de VSTS.

✓ Patrons de capacité : un conteneur de parties de processus dans le but de faire un assemblage dynamique de processus basé sur la réutilisation. Cet élément fait partie des travaux futurs qui s'attarderont sur la définition des opérateurs pour réaliser ce type d'assemblage dynamique.

⊕ *RelationShip* : les types de relations que le concepteur peut utiliser pour lier deux éléments dans la scène de modélisation. Un grand effort de simplification a été réalisé pour simplifier le nombre de relations dans la *ToolBox*. Ainsi, le système détecte automatiquement les éléments origine et cible et instancie le type de relation adéquate.

⊕ *Knowledge elements* : ce groupe d'éléments a été spécifiquement ajouté pour satisfaire une vue basée sur la gestion des connaissances (tacites et explicites). Nous avons également ajouté l'élément «Annotation», emprunté au domaine des cartes cognitives, pour faciliter la collaboration lors de la conception d'un modèle de processus. Cette collaboration est un message textuel rédigé par un auteur et qui peut prendre l'une des formes suivantes : *Advice*, *Change*, *Comment*, *Example*, *Explanation*, *Question* ou « *See Also* ».

L'ajout de nouveaux objets, empruntés à d'autres disciplines, démontre le type d'enrichissement qu'on peut apporter au domaine de la modélisation des processus par l'utilisation des modèles.

- La zone 2 représente le contenu des éléments globaux qui sont issus du Content Packaging de la Zone 1.
  ⊕ La zone 3 est la scène de modélisation structurée en « *Swimlanes* » qui représentent les phases du processus. Chaque élément ou chaque relation est construit à partir d'un « drag and drop » issu de la zone 1. Les icônes dans la Zone 3 peuvent prendre différentes formes dépendamment des catégories possibles pour l'élément en question (ex. *Work Product* peut avoir une des icônes : *Artifact*, *Delivrable*, *Outcome*, *TechnicalArtifact*).
- La zone 4 représente le DSL4SPM Explorer qui constitue le référentiel du modèle en cours de modélisation. Ce référentiel est enregistré dans un seul fichier XML facilitant ainsi la collaboration, la modification et la gestion des versions. La section suivante illustre le potentiel de ce référentiel pour présenter différentes perspectives de modélisation.
- La zone 5 visualise les propriétés pour chaque objet instancié dans la scène. Ces propriétés sont organisées selon les perspectives correspondantes à des

vues prédéfinies. Les éléments de modélisation présentés dans la zone 1 sont génériques et peuvent être spécifiés par des icônes distinctifs.

- La zone 6 représente un connecteur vers un entrepôt de composants de processus prêt à être instancié. Il suffit d'identifier le composant pour le glisser sur la scène de modélisation.

- La zone 7 est dédiée à l'affichage des exceptions et messages d'erreur envoyés par le système suite à une demande de validation du modèle. La validation est faite selon des règles de cohérence prédéfinies telles que la nécessité d'avoir un rôle principal pour la réalisation d'une tâche.

La base du principe de l'outil DLS4SPM est l'utilisation d'une boite à outils contenant entre autres les éléments de SPEM pour instancier des objets dans une scène graphique. Une fois les objets instanciés, le concepteur les lie avec des relations et définit les valeurs des attributs nécessaires pour les objets et pour les relations dans le but de construire une vue sur une préoccupation donnée.

3.5.3 Présentation des niveaux d'abstraction des éléments SPEM

La Figure 3.14 illustre l'approche conceptuelle pour la représentation des éléments de SPEM dans un modèle de processus. Cette approche adopte trois niveaux d'abstraction en fonction du degré de précision et de l'expressivité ciblé par l'ingénieur des processus.

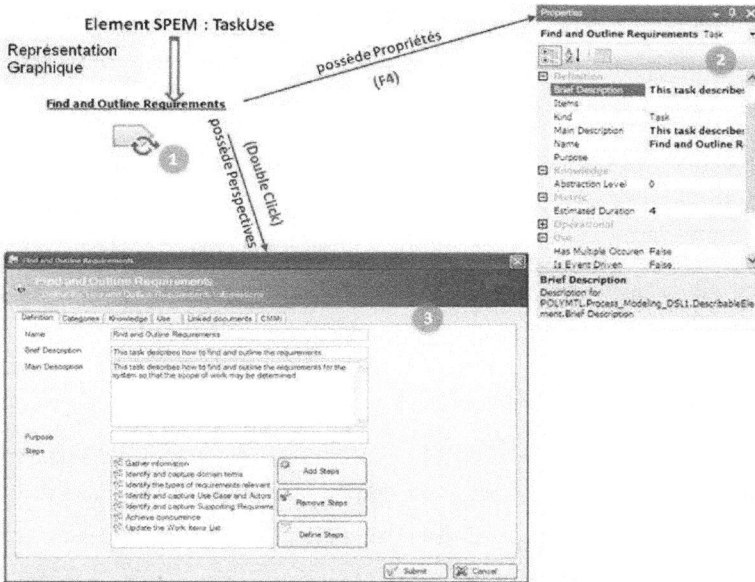

Figure 3.14: Niveaux d'abstraction pour la représentation d'un élément SPEM

1- Un premier niveau de détail, illustré par une icône directement instantiable, dans la scène de modélisation, à partir d'une boite à outils. À titre d'exemple une tâche peut être instanciée en indiquant juste son nom (ex. *Find and Outline Requirements*).

2- Un deuxième niveau de détail, illustré par la flèche « possède propriétés », permet d'indiquer des valeurs pour les attributs d'un élément du processus. Ces propriétés sont prédéfinies dans le méta-modèle de l'outil et sont utilisées, par la suite, par le système pour la représentation d'une vue donnée.

3- Un troisième niveau de détail, illustré par la flèche « possède perspectives », permet l'ajout de plus d'informations descriptives concevant un élément donné du processus. Ces informations offrent plus de guidage pour l'utilisateur et se retrouvent également dans le contenu du site web exporté.

Les tabulations du formulaire personnalisé (Figure 3.14 (3)) permettent de mieux organiser les informations par perspective. À tire d'exemple, la tabulation « *Knowledge* » permet de modéliser les connaissances dans un MP, alors que la tabulation « *CMMI* » permet d'aligner un MP avec les bonnes pratiques du CMMI (voir respectivement les chapitres 4 et 6).

3.5.4 Visualisation des vues

La Figure 3.15 illustre la fonctionnalité de génération de plusieurs vues à partir du même modèle de processus dont le référentiel est enregistré dans un format XML standard. L'explorateur de projets (zone 4 de la Figure 3.13), illustré à gauche de la figure, liste tous les éléments de la scène de modélisation. Ces éléments sont organisés par phase. À titre d'exemple la phase «*Problem and modification Analysis*» contient une annotation, deux réunions planifiées et la liste des éléments de SPEM ; à partir de cette liste, une *Breakdown Structure* basée sur une vue selon le flux d'activité est érigée (partie droite de la Figure 3.15). Il est possible de dresser d'autres vues (connaissance, risque, organisationnel et humaine) basées sur des attributs bien identifiés. Ce concept de vues permet au responsable de processus de mettre l'emphase sur la préoccupation qui l'intéresse.

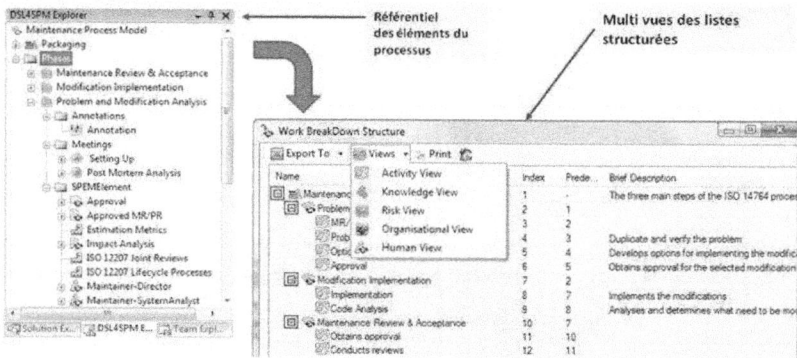

Figure 3.15: Génération de vues à partir du même modèle de processus

L'outil DSL4SPM permet de visualiser un MP selon des vues différentes. Ainsi, il est possible de traverser le référentiel contenant la description des éléments de la scène et leurs connecteurs pour consolider une vue donnée. À titre d'exemple, la Figure 3.16 présente une vue sous la forme d'une liste ordonnée d'activités. Cette vue est générée automatiquement par l'outil DSL4SPM en lisant le référentiel des éléments de la scène de modélisation.

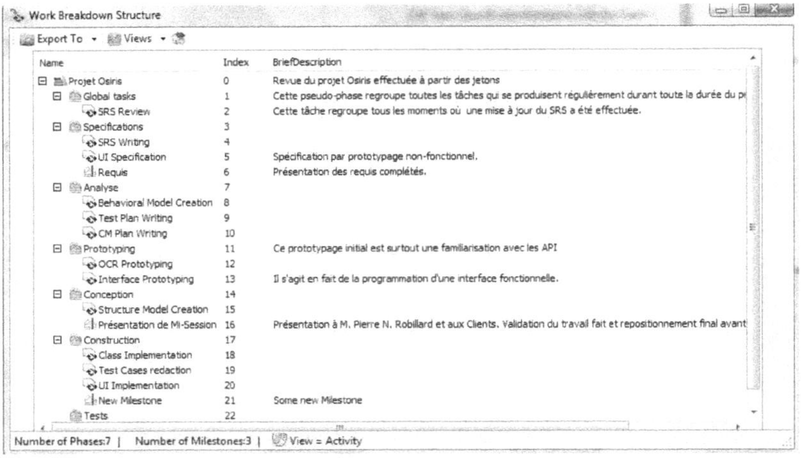

Figure 3.16: Présentation d'un MP selon une liste ordonnée d'activités

Pour plus de détail sur les autres vues, l'Annexe 2 présente trois autres vues liées notamment à la gestion des connaissances et une vue opérationnelle du MP.

3.5.5 Moteur de règles pour la validation

Bien qu'un premier niveau de validation de la cohérence d'un MP soit assuré par les règles sémantiques du méta-modèle, il existe un besoin de validation au cours de la modélisation. Dans ce contexte, nous avons établi un ensemble de règles de validation (ex. chaque tâche doit avoir un rôle qui lui soit lié). Ces règles sont enregistrées dans un format XML pour plus de flexibilité dans l'ajout, la modification et le partage de ces règles. Ainsi, l'utilisateur peut charger un fichier de règles données et spécifier pour chaque règle le niveau de sévérité qu'elle doit avoir. La Figure 3.17 présente le formulaire de configuration du moteur de règles.

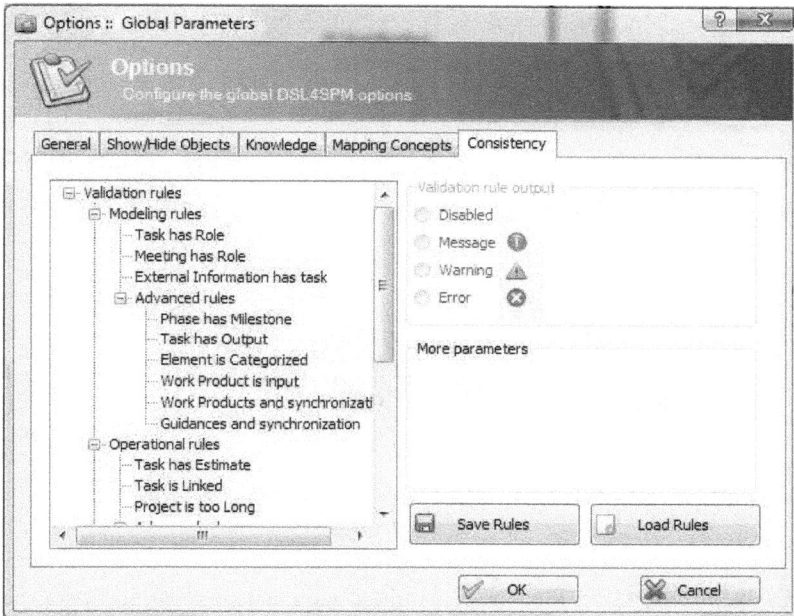

Figure 3.17: Formulaire de configuration du moteur de règles

L'Annexe 3 présente la structure XML du fichier des règles et les messages retournés après validation.

3.6 Cas d'étude : modélisation d'un processus de maintenance

Afin de valider les bénéfices de cette approche et le bon fonctionnement de l'outil DSL4SPM, nous avons modélisé un certain nombre de processus. Dans cette étude de cas, nous traiterons la modélisation d'un modèle de processus de maintenance tel qu'il a été spécifié dans la norme ISO/IEC 14764 (ISO/IEC, 2006). L'analyse conceptuelle du MP obtenu révèle plusieurs lacunes dans la norme notamment la description textuelle et, par conséquent, souligne l'importance d'une vue conceptuelle.

La norme ISO 14764:2006 décrit un processus de maintenance de façon générale. Nous avons retenu uniquement 3 des 5 phases définies dans la norme pour leur pertinence du point de vue du contenu, la Figure 3.18 illustre les phases retenues.

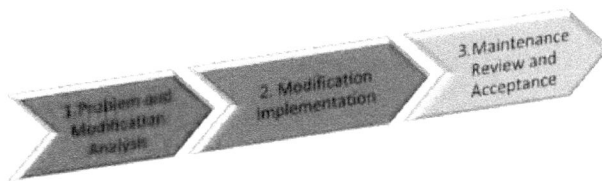

Figure 3.18: Phases du processus de maintenance ISO14764.

La spécification ISO 14764 est construite d'une manière générique, décrivant pour chaque activité les entrées, les sorties, les tâches et les informations de contrôle. Elle ne précise pas l'ordonnancement exact pour la réalisation des activités. La norme définit un seul rôle nommé « *Mainteneur* ». Toutefois, elle présente une description détaillée des tâches et leurs étapes respectives et aussi des artéfacts à consommer ou à produire. La Figure 3.19 présente une vue partielle du modèle de processus obtenu.

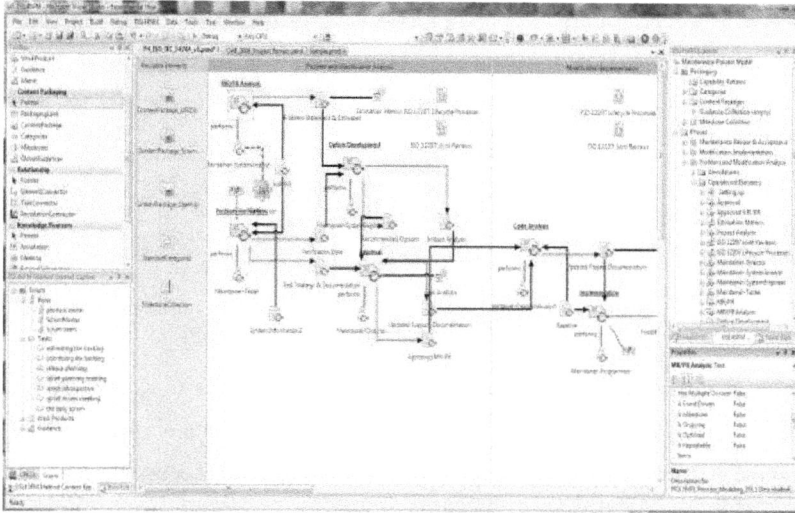

Figure 3.19: Vue partielle du modèle de processus de maintenance

Le Tableau 3.4 présente un aperçu du nombre d'objets et des relations qui ont
été instanciés dans la scène de modélisation. Le modèle contient 44 relations
attribuées, chacune possédant des attributs avec des valeurs. Ces relations ont
pour but d'améliorer la sémantique du MP.

Tableau 3.4: Éléments du MP instanciés dans la scène

Éléments SPEM	Nb d'instances	Commentaire
Phases	3	Représentent des étapes importantes dans un projet. Elles se terminent normalement par un point de contrôle décision.
éléments Réutilisables	3	Représentent les éléments qui ont une portée plus large tels que « Content Package », « Discipline », etc.
Rôles	8	Représente les 8 rôles qui dérivent tous du rôle « Maintener».
Tâches	10	Représentent les tâches définies dans tous le processus.

101

Étapes	60	Représentent le nombre global d'étapes dans les tâches. Les étapes sont imbriquées dans les tâches.
Produit d'activité	69	Représentent tous les produits d'activité.
Artefacts	15	Représentent les artefacts qui constituent un type particulier des produits d'activité.
Guides	8	Représentent les guides, Template, métriques, etc.
éléments de connaissance	5	Représentent les objets « Meeting ».
Annotations	2	Représentent tous les types d'annotation (ex. conseil, commentaire, exemple, etc.)
Relations	44	Représentent tous les liens entre les éléments SPEM.

Le modèle de processus obtenu nous permet de visualiser le processus et identifier certaines lacunes. À titre d'exemple, l'utilisation d'un seul rôle nommé « *Maintener* » pour toutes les tâches nécessite beaucoup d'habilité pour réaliser toutes les tâches du processus.

3.7 Synthèse

Nous avons présenté dans ce chapitre les motivations qui ont guidé le développement de l'outil DSL4SPM, son architecture basée sur quatre niveaux, le formalisme de son méta-modèle et sa mise en œuvre.

Le concept des relations utilisées dans SPEM telles quelles ont été définies dans UML ne convient pas au cadre de modélisation des processus. UML est fortement influencé par le paradigme OO, alors que la modélisation d'un processus tient en compte d'autres considérations telles que l'ordonnancement des tâches, la gestion de la connaissance, la prise de décision, etc. C'est dans cette optique que nous avons adopté un nouveau formalisme, basé sur les relations attribuées, pour définir les connecteurs entre les composants d'un MP.

La mise en œuvre du cadre de l'outil DSL4SPM nous a permis de valider le fondement du méta-modèle et rendre compte des bénéfices de nouvelles vues. Aussi, le moteur de règles permet un niveau de validation supplémentaire (à celui assuré par le méta-modèle) de la cohérence des MP.

Nous avons présenté un cas exemple de modélisation d'un processus de maintenance. La vue conceptuelle de ce processus dans l'outil DSL4SPM a permis de révéler certaines lacunes dans la description textuelle du processus. Une des lacunes consiste en la définition d'un rôle unique nommé « *Maintener* » qui serait responsable de la réalisation de toutes les tâches du processus. En outre, Cette approche pour la modélisation des processus et l'outil DSL4SPM ont été utilisés par plusieurs groupes[6] différents dans le contexte de formation sur les processus et dans le cadre de modélisation de processus pour la réalisation de projets. Nous avons observé que cette approche était intuitive et conduisait à une modélisation rapide et efficace des processus de génie logiciel

Finalement, six idées principales, issues d'un ensemble vaste de fonctionnalités, sont à l'origine de l'outil :

- Fournit une vision pragmatique de la modélisation des processus par l'utilisation d'un DSL ce qui permet d'améliorer l'efficacité et la productivité. Pragmatique au sens qu'il est possible de mettre l'accent sur une perspective à la fois.

---

[6] Groupes d'étudiants dans le cadre des cours cliniques ou des cours de 4ième année de gestion de processus à l'école Polytechnique de Montréal (session : hiver 09, automne 09, hiver 10).

- Utilise une notation graphique concise et précise pour représenter un modèle de processus de façon compacte. Cette représentation facilite l'adaptation du processus en fonction du projet.
- Réutilise des composants prédéfinis, stockés dans une libraire externe, pour assembler de nouveaux processus.
- Exporte les MP vers d'autres plateformes telles que Ms Project ou un site Web. De futures exportations sont possibles vers d'autres plateformes de gestion de projet spécialisés comme Visual Studio Team system (VSTS) ou Jazz.
- Valide la cohérence des MP et assiste dans le diagnostic des problèmes de modélisation. Le premier niveau de validation est assuré par le méta-modèle qui ne permet que des constructions selon les règles prédéfinies. Le deuxième niveau est assuré par un moteur de règles qui soulève des messages d'erreur suite à la non-conformité vis-à-vis d'une règle prédéfinie.
- Établis un pont entre la modélisation des processus orientée-Activité et d'autres domaines tels que la gestion des connaissances et la simulation.

L'Annexe 6 présente quelques métriques techniques qui caractérisent l'outil DSL4SPM.

Les chapitres suivants vont nous déplacer du domaine de l'ingénierie vers le domaine scientifique. Nous allons utiliser l'outil DSL4SPM d'abord comme support à l'implémentation de deux perspectives : connaissances et simulation, et ensuite comme outil d'expérimentation pour générer des tableaux de bord analysables.

CHAPITRE 4   GESTION DES CONNAISSANCES DANS LES MP

Ce chapitre présente une nouvelle perspective de modélisation et de gestion des connaissances au sein des MP. Cette perspective, automatisée dans l'outil DSL4SPM, propose une extension de SPEM afin de considérer la gestion des connaissances lors de la modélisation d'un processus pour le GL. L'objectif de cette perspective est double : supporter une vue du MP orientée flux de connaissances et offrir des outils d'analyse des risques liés au flux des concepts de connaissances lors de la conception des activités dans un MP.

4.1 Motivations et buts

Le développement de logiciel nécessite des connaissances techniques, mais aussi des connaissances liées au domaine d'application et au domaine d'utilisation. C'est pour cette raison qu'on qualifie le développement de logiciel de travail à forte intensité de connaissances[7] (Robillard, 1999). Un processus de développement est avant tout un cheminement d'apprentissage pour réaliser un produit logiciel qui respecte des besoins spécifiques. De ce fait, nous proposons d'étendre l'espace de modélisation afin de supporter une perspective orientée gestion des connaissances. Cette perspective, qui complémente celle orientée activité, nous permet à la fois d'explorer l'évolution des connaissances dans un MP (depuis l'élicitation des besoins jusqu'à la livraison du code fonctionnel) et d'analyser la substance des tâches selon une approche cognitive.

Plus précisément, nous voulons apporter des réponses à la question de recherche suivante : comment représenter une vue orientée gestion des connaissances sur la base d'une vue orientée activité ? L'intérêt est de savoir

---

[7] Le mot utilisé en anglais est « Knowledge-intensive ».

comment appliquer les théories de la création et du transfert de connaissances à un contexte spécifique dans la mesure où les organisations de développement de logiciel dépendent fortement des compétences et habiletés de leurs développeurs. Dans ce sens, nous adoptons une approche d'intégration des théories cognitives au domaine de la modélisation des processus dans le but de représenter et extraire les connaissances dans les modèles de processus.

Pour vérifier cette hypothèse, les tâches suivantes doivent être accomplies :

Tâche 1 : étude des modèles de Nonaka & Tackeuchi (Nonaka et Takeuchi, 1995) et celui de Novak et Cañas (Novak et Cañas, 2008). Le premier modèle traite de la création des connaissances, alors que le second traite de la représentation des connaissances sous forme d'un arbre de concepts.

Tâche 2 : définition des attributs à ajouter aux composants du MP afin de supporter une vue orientée connaissance.

Tâche 3 : validation du potentiel de l'approche de modélisation des connaissances à travers un cas d'étude.

Deux résultats principaux sont attendus de la perspective orientée gestion des connaissances : *(i)* visualisation des flux de connaissance dans un MP, ce qui représente une vue dynamique et *(ii)* analyse du risque, à travers des tableaux de bord qui supportent l'analyse de chaque tâche du processus en termes d'écart entre les connaissances requises et celles fournies, ce qui représente une vue statique.

4.2 Mise en contexte

Au cours des dix dernières années, il y a eu un intérêt croissant pour la création et la gestion des connaissances pour les organisations de

106

développement. Ces organisations doivent intensifier leur force stratégique pour préserver et améliorer leur capacité. De nombreux auteurs ont préconisé, pour des raisons différentes, l'intégration de la gestion des connaissances (GC) dans les MP.

Rus et Lindvall affirment que la GC peut être considérée comme une stratégie d'atténuation des risques. De plus, les auteurs soulignent la pertinence du processus d'apprentissage décrit comme une partie fondamentale de la GC dans la mesure où il assiste les employés dans l'accomplissement de tâches spécifiques. Les auteurs affirment aussi que la GC complémente les approches existantes pour l'amélioration de la qualité des processus (SPI) (Rus et Lindvall, 2002).

Junchao et Osterweil font valoir que la production du logiciel est un travail humain qui nécessite de la créativité. Les auteurs sont les premiers à proposer un outil (SoftPM) pour la modélisation des connaissances dans un processus avec la gestion d'une bibliothèque d'expérience. Le processus est divisé en étapes, l'exécution de chaque étape détermine les comportements des agents de processus (rôles) (Junchao, et al., 2007).

Robillard décrit un processus de développement comme étant un processus de structuration et de cristallisation des connaissances. Il souligne que le développement logiciel est très intense en termes de connaissances et que les théories issues des sciences cognitives peuvent contribuer à mieux comprendre certains phénomènes. L'auteur fait remarquer qu'avant que le logiciel ne soit créé, les intervenants doivent décrire et organiser les connaissances que ce logiciel représente en fonction de structures spécifiques de connaissance (Robillard, 1999).

Meso et al. rapportent qu'il y a une valeur à rapprocher un processus à son domaine d'application notamment pour mieux exploiter les connaissances du domaine. Les auteurs soutiennent, par une étude expérimentale, qu'un fort processus de développement logiciel, adapté à un contexte d'application particulier, devrait être aligné avec les théories cognitives (Meso *et al.*, 2006).

Dakhli et Ben Chouikha décrivent les artéfacts d'un processus comme étant la base d'un référentiel des connaissances détenues par les parties prenantes de l'organisation. Les auteurs pensent que la crise du logiciel peut être expliquée par l'écart entre les connaissances possédées par les acteurs de l'organisation et celles incarnées dans le logiciel. Les auteurs proposent l'intégration des pratiques de gestion des connaissances dans les MP (Dakhli et Ben Chouikha, 2009).

Basili et al. reconnaissent la pertinence de la gestion des connaissances pour l'implémentation d'une usine d'expérience (Experience Factory). Les auteurs défendent le fait qu'une telle usine nécessite l'institutionnalisation de mécanismes d'apprentissage dans l'organisation et par conséquent la nécessité d'une approche de gestion des connaissances distribuée (Basili *et al.*, 2002).

Nombreux sont les auteurs qui ont étudié l'intérêt pour la considération de la gestion des connaissances dans l'ingénierie du logiciel. Cependant, il n'y a pas d'unanimité sur les éléments de connaissances à considérer, encore moins sur l'approche d'intégration de la gestion des connaissances dans la modélisation des processus. Ce fait est mis en évidence dans la revue systématique menée par (Bjørnson et Dingsøyr, 2008).

D'un point de vue pratique, les gestionnaires d'un projet de développement logiciel se trouvent souvent confrontés à la question suivante : avons-nous les connaissances (ou compétences) nécessaires pour livrer tous les modules du projet ? Pour répondre à cette question de façon éclairée, des données sont nécessaires. Nous avons donc besoin de savoir si pour toutes les activités du MP il y aurait un risque lié au manque de connaissances. Par conséquent, il y a un besoin à développer des tableaux de bord d'évaluation pour supporter les gestionnaires de processus/projet dans l'analyse des indicateurs liés aux divergences des connaissances entre rôles et tâches (fournies et requises).

4.3 Revue de littérature spécifique à la gestion des connaissances

4.3.1 Aperçu général sur les théories de la gestion des connaissances

❖ Définition de la connaissance

La littérature rapporte plusieurs définitions du mot « connaissance ». Alavi et Leidner proposent la définition suivante : « la connaissance est une croyance personnelle justifiée qui augmente la capacité d'un individu à prendre des actions efficaces » (Alavi et Leidner, 1999).

Nonaka et Takeuchi, auteurs du modèle le plus cité dans la littérature pour la création des connaissances, définissent la connaissance[8] comme l'ensemble des perceptions cognitives, des compétences, du savoir-faire ou encore de l'expertise, intégré dans les produits ou services (Nonaka et Takeuchi, 1995).

Les deux définitions précédentes sont plus orientées vers l'utilisation de la connaissance. Les théories cognitives, comme bien d'autres domaines qui lui sont connexes (ex. apprentissage), définissent la connaissance comme étant un ensemble de concepts inter reliés. L'humain apprend de nouvelles

---

[8] Nonaka et Takeuchi simplifient la définition de la connaissance comme étant une croyance vraie justifiée.

connaissances par abstraction, liaison et organisation des concepts dans des structures cognitives (Asubel, 1963).

❖ Gestion des connaissances

La gestion des connaissances (GC) est définie comme étant le processus qui supporte le partage, la distribution, la création, la capture et la compréhension des connaissances de l'organisation (Davenport et L. Prusak, 1998). Cette définition générale peut être séparée pour traiter trois thèmes : création, représentation et partage des connaissances. Ces trois thèmes mettent en évidence des théories représentatives à la fois du domaine du management et de celui des sciences cognitives. Les théories du management mettent l'emphase sur la création et la propagation des connaissances dans les organisations, alors que les théories cognitives se concentrent sur la représentation et l'entreposage des connaissances.

Du point de vue management, Nonaka et Takeuchi, repris de (Polanyi, 1966), taxonomisent la connaissance en : Tacite (T) et Explicite (E) (Nonaka et Takeuchi, 1995). La connaissance tacite est personnelle et spécifique à un contexte précis, elle encadre le comportement de l'individu dans l'action et ne peut être exprimée de façon explicite. Alors que la connaissance explicite peut être codifiée et articulée via un média. La thèse principale des auteurs repose sur l'hypothèse décrivant le processus d'innovation comme un dialogue continu entre connaissances tacites et connaissances explicites à travers les quatre cycles de conversion décrits dans le Tableau 4.1.

Tableau 4.1: Modes de transformation pour la création de la connaissance

Type	Mode	Description
T – T	Socialisation	Transfert d'une connaissance tacite d'un individu à l'autre par socialisation (synchronisation).
T – E	Externalisation	Transfert d'une connaissance tacite en explicite.
E – T	Internalisation	Transfert d'une connaissance explicite en tacite. C'est l'acquisition ou la capitalisation.
E – E	Combinaison	Transfert d'une connaissance explicite en explicite. Exemple validation d'un document.

Le modèle de Nonaka et Takeuchi met l'accent uniquement sur le rôle comme porteur de connaissance, ce fait est problématique dans la mesure où on considère que les artéfacts et les guides incarnent aussi des éléments de connaissances. Le modèle de Nonaka et Takeuchi a été retenu, dans un volet de nos travaux pour représenter, de façon dynamique, le flux de connaissance en utilisant les quatre modes de conversion dans les connecteurs Rôle-Tâche. Alors que pour la représentation statique des connaissances dans les éléments tâche, rôle, artéfact et guides, une représentation à base d'arbre de concepts[9] a été privilégiée, ces deux représentations, statique et dynamique, sont complémentaire.

Arguant que la caractéristique la plus importante est liée à l'action, plusieurs chercheurs reconnaissent que l'objectif principal de la représentation des connaissances est d'atteindre la même compréhension des données ou des informations en ayant en commun la même base des connaissances (Nonaka et

---

[9] Un concept est une représentation générale et abstraite d'un objet de connaissance. C'est l'unité cognitive par laquelle le sens et la sémantique d'un monde réel ou d'une entité abstraite peut être représenté. Un arbre de concept est constitué d'un ensemble de nœuds et de branches reliant ces nœuds.

Takeuchi, 1995; Alavi et Leidner, 2001; Markus *et al.*, 2002). Cependant, il existe un besoin pour une représentation formelle et conceptuelle des connaissances dans les MP. La science cognitive fournit les bases théoriques pour la représentation des connaissances.

Du point de vue des théories cognitives, Novak and Cañas proposent une approche pour la représentation et le partage des connaissances (Novak et Cañas, 2008). Basée sur le partage des modèles mentaux, l'approche considère la connaissance comme un ensemble structuré de concepts interreliés. Novak soutient que l'assimilation de nouvelles connaissances se fait par l'intégration de nouveaux concepts dans une structure mentale déjà existante. Ce fait est aussi supporté par les théories constructivistes de l'apprentissage (Asubel, 1963).

Reconnaissant l'existence de deux types de connaissances : déclarative et procédurale, Anderson et al. catégorisent la connaissance déclarative aux choses qui peuvent être décrites et partagées avec d'autres personnes (ex. une réponse pour une question relative à la syntaxe d'un langage de programmation). Alors que les connaissances procédurales sont relatives à l'action plus qu'à l'information. Ce dernier type de connaissance est difficile à décrire, mais particulièrement important dans le processus de résolution de problèmes (ex. expérience d'utilisation d'un débogueur) (Anderson *et al.*, 1997). Cette catégorisation permet néanmoins de qualifier tous les éléments SPEM et non pas juste le rôle tel que proposé dans la taxonomie de la connaissance de Nonaka et Takeuchi.

Cet aperçu général nous a permis de rappeler quelques définitions et également de rendre compte des domaines de la gestion des connaissances. Les vues management et cognitive peuvent complémenter la vue de l'ordonnancement des activités déjà présente. La section suivante limite le champ de ces deux domaines dans le cadre de l'intégration de la gestion des connaissances (GC) dans la modélisation des processus.

4.3.2 Gestion des connaissances dans l'ingénierie du logiciel

Bien que les techniques traditionnelles de modélisation des processus soient utiles dans l'identification de certaines questions liées aux connaissances incluses dans les processus logiciels, quelques aspects importants restent toujours difficiles à analyser : quelle est la nature des dépendances entre les sources de connaissances (i.e., artefacts et guidance), les activités et les compétences des rôles ? Ensuite, comment analyser les flux de connaissance en complément à une analyse de flux d'activité ?

Pour répondre à ces questions, nous sommes confrontés à d'autres sous-questions importantes, mais d'un niveau d'abstraction plus bas : dans un contexte de modélisation de processus, qu'est-ce que la connaissance, comment l'identifier et de quelle façon la représenter ?

La gestion des connaissances pour les projets de maintenance constitue une particularité. En effet, parce que le code source est la principale source de connaissance pour les projets de maintenance, la plupart des recherches en gestion des connaissances s'intéressent au processus de compréhension du code source (par rapport aux connaissances du domaine ou techniques) (Robillard *et al.*, 2004; Ko *et al.*, 2006; Anquetil *et al.*, 2007). Anquetil *et al.* proposent une approche ontologique pour la compréhension du code ; Robillard et al. proposent une approche systématique à base de graphe de préoccupation (*concern graph*) et Ko *et al.* confirment, avec une étude exploratoire, les trois activités liées à la compréhension du code source en préparation à sa modification.

4.3.3 Objets de la connaissance

Les domaines de l'ingénierie des connaissances, l'apprentissage, l'analyse linguistique, l'intelligence artificielle et le domaine des ontologies représentent tous la connaissance humaine sous forme d'un ensemble de concepts (Asubel, 1963; Anderson, 1983; Anquetil, *et al.*, 2007; Andrade *et al.*, 2008). Le concept est ainsi l'unité de base de la connaissance.

Yingxu définit le concept comme étant l'unité cognitive par laquelle le sens et la sémantique d'un monde réel ou d'une entité abstraite peut être représenté et incarné (Wang, 2006). L'auteur propose un formalisme algébrique pour la représentation de la connaissance à base de concepts. Ce formalisme calque la représentation conceptuelle des connaissances sur le fonctionnement réel du cerveau humain (neurones et synapses).

À partir de cette modélisation, a priori statique, Yingxu propose quatre types de transformation sur le repère <Information, Action> (Yingxu, 2009). Le Tableau 4.2 représente les conversions possibles. Ce modèle ressemble, sur le principe, à celui de Nonaka, alors qu'il semble complètement différent sur le plan taxonomique.

Tableau 4.2 : Modes de conversion entre information et action

		Type de sortie		Type d'acquisition
		Information (I)	Action (A)	
Type d'entrée	Information (I)	Connaissance (C)	Comportement (O)	Directe ou indirecte
	Action (A)	Expérience (E)	Habileté (H)	Directe seulement

On peut constater que les conversions cognitives sont tributaires des types de connaissance en entrée et en sortie. À titre d'exemple, pour favoriser un

114

comportement donné, il faut de l'information en entrée et de l'action en sortie. Alors que pour développer des habiletés[10], il faut de d'action à la fois en entrée et en sortie. Ce modèle intègre aussi le type d'acquisition de la connaissance. La connaissance et le comportement peuvent être acquis directement ou indirectement, alors que l'expérience et les habiletés ne peuvent être acquises que d'une façon directe pendant la réalisation de l'activité.

Pour résumer l'essence de ce modèle, le Tableau 4.3 résume les quatre modes de conversion tels que proposés par Yingxu dans (Yingxu, 2009) :

Tableau 4.3: Modes de conversion cognitives

Connaissance (C)	Information → Information	(1)
Comportement (O)	Information → Action	(2)
Expérience (E)	Action → Information	(3)
Habileté (H)	Action → Action	(4)

L'auteur fait remarquer que les quatre catégories de connaissance utilisent des zones mémoires différentes dans le cerveau humain (Yingxu, 2009). Les connaissances et l'expérience sont stockées sous forme de rapports abstraits dans une zone mémoire longue terme du cerveau (*Long Term Memory*), tandis que les comportements et les compétences sont stockés, sous forme de connexions neuronales dans une zone mémoire tampon dédiée à l'action (*Action buffer Memory)*. Ce constat clinique nous incite à repenser les modèle de processus afin de répondre aux deux besoins : connaissance *Just-in-time* et *Just-Enough*. L'exploration de ces deux besoins dépasse le cade de ce livre.

---

[10] Habileté au sens qualité d'une personne à exécuter un acte avec adresse, intelligence et compétence, alors que le mot habilité prend le sens de capacité juridique.

4.3.4 Bilan

Si l'objectif principal de la GC est clairement la facilitation du flux de connaissance dans l'organisation, beaucoup de travail reste à accomplir sur comment représenter conceptuellement les éléments de connaissance dans un MP pour pouvoir, entre autres, visualiser ces flux. Toutefois, nous pensons qu'il est possible d'emprunter les concepts pertinents à d'autres théories dans le but de supporter la représentation des connaissances dans un MP.

D'une part, les théories de management (ex. modèle de Nonaka) mettent l'accent sur les pratiques qui favorisent l'émergence de la connaissance dans les organisations. Elles mettent de l'avant la notion de flux de connaissance et essayent, par des approches de structuration des activités et des ressources, d'arriver à une forme organisationnelle qui favorise les stratégies de gestion de connaissance.

D'autre part, les théories cognitives (ex. modèle de Novak) mettent l'accent sur le fonctionnement du cerveau humain. Elles essayent de représenter les données d'une manière à simplifier leur traitement (acquisition, visualisation et partage) par l'humain. Ces théories mettent de l'avant la représentation de la connaissance sous forme d'arbre de concepts interreliés.

Ces deux théories des domaines de management et cognitive ont été retenues en raison de leur large adoption dans le domaine de la GC. S'appuyer sur des modèles bien reconnus nous a permis de créer un seul cadre de modélisation cohérent et intégré qui est utilisé tant pour une représentation statique que dynamique (i.e., flux).

Vu qu'un MP représente d'abord une structure d'activités menant à la réalisation d'un projet d'ingénierie avec des intentions d'innovation, les théories de management doivent être prises en compte pour consolider cette

vue représentative des flux. L'accent est surtout mis sur la relation
« *Perform* » qui est définie par SPEM pour connecter les rôles aux tâches. En
outre, la représentation de la connaissance dans les éléments SPEM est utilisée
comme un levier pour l'analyse des risques relatifs à la réalisation de chaque
tâche du processus. Les théories cognitives pourraient éclairer la réponse à
cette question.

La section suivante illustre notre point de départ, c.-à-d. l'extension du méta-
modèle SPEM pour supporter la gestion des connaissances lors de la
modélisation d'un MP. Elle présente d'abord l'extension du cadre SPEM pour
la représentation, au sens modélisation, et la gestion des connaissances.
Ensuite, elle présente une deuxième extension spécifique qui permet la
visualisation des flux de connaissance dans un MP.

4.4 Modélisation et extraction de la connaissance dans les MP

4.4.1 Extension du méta-modèle

SPEM 2.0 propose une classe nommée « Qualification » pour décrire les
connaissances engagées par le rôle lors de la réalisation d'une tâche, comme
illustré à la Figure 4.1. Il définit la qualification de la façon suivante :

« *Qualification [...] documents zero or more required qualifications, skills, or
competencies for Role and/or Task Definitions. In addition to informally
describing the qualification using its Content Element documentation
properties, Qualification can be further categorized by defining specific
Kinds*]. (Réf (OMG:SPEM, 2008) p 110)

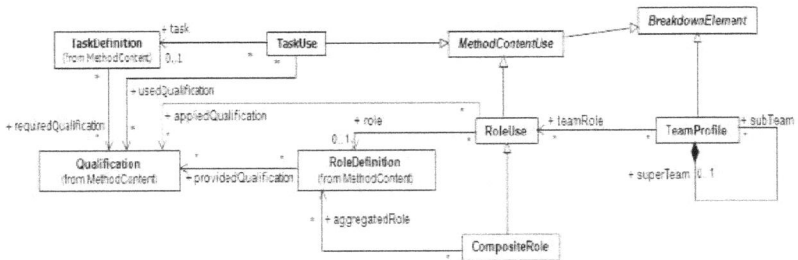

Figure 4.1: La classe qualification telle que définie dans SPEM

Néanmoins, la définition proposée pour la qualification est à la fois trop générique et informelle pour qu'elle soit utilisée comme support servant à voir un processus sous une vue de gestion des connaissances. Les points suivants montrent pourquoi cette définition n'est pas appropriée pour dégager une perspective orientée connaissance :

Les concepts qualification, habiletés et compétences ne sont pas définis de façon formelle et la relation entre ces concepts est relativement ambiguë dans SPEM.

Les concepts qualification, habiletés et compétences sont définies dans le paquetage « *Method Content* » alors qu'ils sont plus liés à la capacité d'agir dans des situations précises. Ces situations précises dépendent-elles du contexte du projet ? Si oui, il faut avoir une « *QualificationUse* ».

La catégorisation de la qualification dans des types (*Kind*) spécifiques est problématique étant donné qu'on ne peut avoir qu'une seule instance de « Type » pour un « *ExtensibleElement* » (voir cardinalité (OMG:SPEM, 2008) p.36).

Par ailleurs, les chercheurs du domaine de management proposent une redéfinition de ces concepts pour mieux appréhender les aspects de l'innovation dans les organisations, et c'est bien de cela qu'il s'agit dans un processus de développement. Nelson et Winter définissent la notion de compétence comme une capacité à coordonner une séquence de comportements (ou actes) en vue d'atteindre des objectifs dans un contexte donné (Nelson et Winter, 1985).

Prahalad et Hamel introduisent le concept de « Cœur de compétence » dans le domaine du management (Prahalad et Hamel, 1990). Dans ce contexte, il existe une différence claire entre les capacités ou compétences individuelles et le « cœur de compétence ». Les compétences individuelles sont la propriété de l'individu et sont analysées de façon individuelle. Alors que le cœur de compétence met l'accent sur l'agrégation de plusieurs compétences individuelles afin de créer une synergie favorable à l'émergence de nouvelles connaissances.

Par conséquent, nous proposons l'extension du méta-modèle SPEM. La Figure 4.2 présente une vue conceptuelle de l'extension proposée. Les classes en vert ont été ajoutées pour pouvoir gérer la connaissance dans les MP.

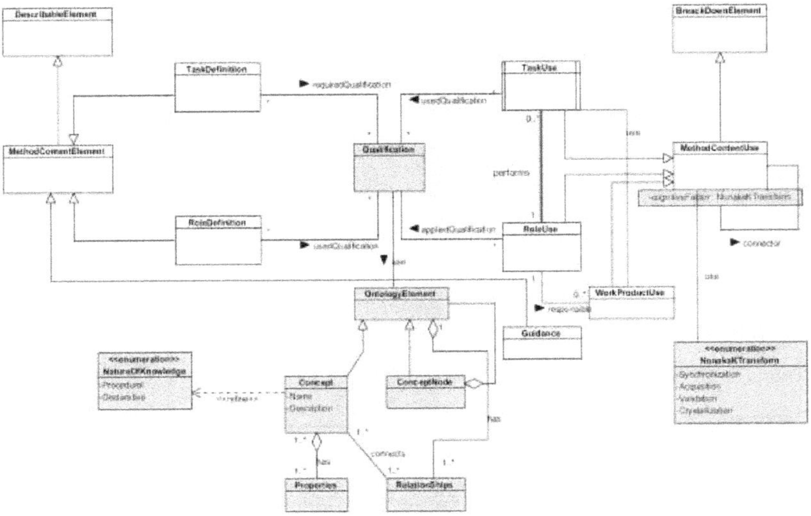

Figure 4.2 : Vue conceptuelle de l'extension du méta-Modèle SPEM

Comme illustré au modèle conceptuel de la Figure 4.2, la classe qualification fait référence à un arbre ontologique (OntologyElement). Cet arbre est une composition de Nœuds et de concepts. Les nœuds servent à structurer les concepts. À cet effet, nous nous sommes basés sur l'ontologie proposée par Anquetil (Anquetil, *et al.*, 2007). L'auteur a étudié un processus complet de maintenance selon une vue ontologique et dans un contexte de gestion des connaissances. Les feuilles des nœuds contiennent des concepts. Ces concepts possèdent une agrégation d'attributs (ex. description, objectif, etc.) et peuvent être liés entre eux par des relations (classe *RelationShips* du diagramme).

120

4.4.2 Les bases de l'approche

Basée sur l'outil DSL4SPM, la perspective orientée gestion de connaissance dans un MP a été développée sur la base de la perspective orientée activité pour rester conforme au standard SPEM. L'idée est de considérer l'ensemble des activités d'un MP comme un support à l'acquisition, partage ou transfert de connaissance. Cette considération nous a permis de mettre la lumière sur le rationnel, d'un point de vue de la connaissance, de chaque tâche, rôle et artéfact du MP. La Figure 4.3 présente l'approche utilisée.

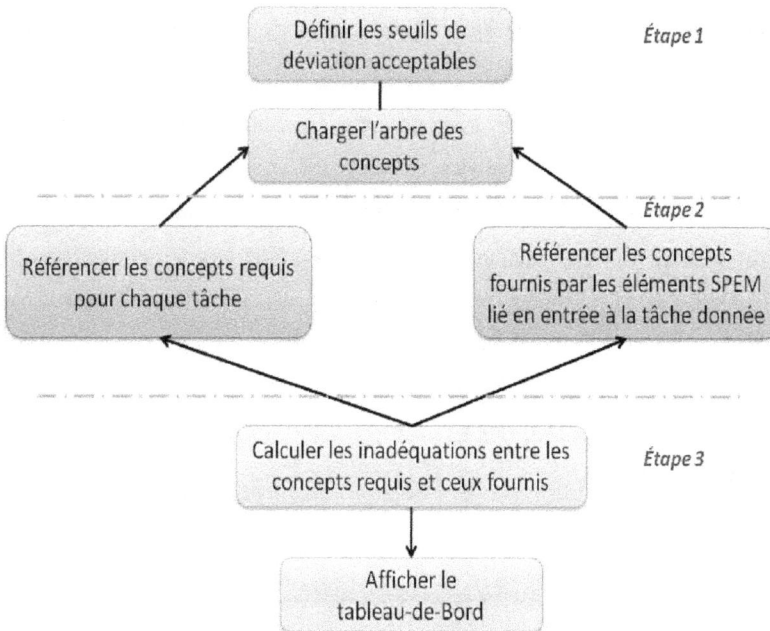

Figure 4.3: Approche de mappage des concepts de connaissance requis et fournis

Ci-dessous le détail des étapes configuration, modélisation et affichage du tableau de bord :

Étape 1 : Configuration des paramètres

Cette étape se fait dans le formulaire des paramètres globaux.

Définir les seuils des déviations – Ces seuils représentent les trois zones du tableau de bord : *(i)* la limite pour les déviations acceptables ; *(ii)* la limite pour les déviations qui peuvent être acceptables, mais qui doivent être analysées ; *(iii)* la zone qui reste représente des déviations majeures non acceptables. Cette étape est spécifique uniquement au tableau de bord avec calcul de l'angle de déviation de chaque tâche.

Charger l'arbre des concepts. Pour permettre une plus grande flexibilité dans le choix des concepts, l'arbre des concepts est enregistré dans une structure XML séparée du projet. Ainsi, il est possible d'adapter[11] la liste des concepts au projet à développer. L'équipe de projet rassemble et organise les concepts de connaissances pertinents au contexte du projet. L'utilisation d'une telle approche ontologique peut faciliter la construction et l'adaptation de l'arbre des concepts (Noy, 2004). L'outil DSL4SPM propose une structure minimalement généralisée qui a été inspirée par les travaux de (Anquetil, *et al.*, 2007).

---

[11] L'adaptation peut aussi être faite selon une des orientations suivantes : Processus, projet ou produit. En effet, chaque orientation offre un contexte de choix de concepts et un niveau de détail spécifique.

Étape 2 : Modélisation

Pour chaque tâche du processus, le modélisateur choisit le sous-ensemble des concepts nécessaires à la réalisation de la tâche. Ensuite, il indique pour chaque concept choisi s'il est exigé en format procédural ou déclaratif (p, d).

Pour tous les éléments liés en entrée à une tâche donnée (ex. *Work Products, Roles, Guidance*), l'utilisateur indique les concepts de connaissance fournis par l'élément en question. Le formulaire (a) de la Figure 4.4 illustre cette étape.

Étape 3 : Calcul des inadéquations entre les concepts et affichage du tableau de bord

Pour chaque tâche du processus, récupérer tous les éléments liés en entrée à la tâche. Ensuite, extraire les concepts de connaissance de l'élément impliqué dans la relation. Ainsi, un concept requis par la tâche est considéré comme complètement mappé s'il est fourni par au moins un élément en relation avec la tâche et avec le bon format (p, d) ; le concept est considéré comme partiellement mappé s'il est fourni, mais pas avec le bon format (ex. fourni en déclaratif alors qu'il est exigé en procédural) ; le concept n'est pas mappé si aucun élément en relation avec la tâche donnée ne le fournit.

Le système affiche le tableau de bord qui indique l'état, en termes de connaissance, de toutes les tâches du processus. Le modélisateur peut aussi se rendre compte de combien le processus dévie de la situation considérée comme normale (voir Figure 4.4).

Après avoir présenté les étapes de l'approche, la section suivante illustre le choix des concepts pour modéliser la connaissance dans un MP.

4.4.3 Représentation des éléments de la connaissance dans les MP

La Figure 4.4 illustre l'extension du formulaire personnalisé des éléments SPEM. Pour chaque tâche, l'onglette « *Knowledge* » (troisième onglette du formulaire de la Figure 4.4 (a)), permet de choisir une liste des concepts pertinents dont la tâche a besoin pour qu'elle soit réalisée. Une fois le concept choisi, le modélisateur indique s'il s'agit d'un concept exigé en mode procédural ou déclaratif. De façon symétrique, pour chaque rôle, artéfact et guidance, le modélisateur choisit la liste des concepts que cet élément SPEM incarne.

Figure 4.4 : Représentation des éléments de connaissance dans un Modèle de processus

Ainsi, il sera possible par la suite d'extraire la liste des concepts en vue de les comparer. L'écart entre les concepts représente le manque ou le surplus de connaissance pour chaque tâche du processus. La section suivante présente le formalisme d'extraction et de comparaison des concepts entre les tâches et les autres éléments de SPEM. L'objectif est la génération d'un tableau de bord analysable et sur lequel le gestionnaire de projet peut se baser pour prendre des décisions éclairées. L'intérêt pour le choix des éléments uniquement en entrée à la tâche tient de deux faits : *(1)* les sorties d'une tâche vont être consommées par la tâche suivante ; *(2)* l'emphase est sur la connaissance requise pour la réalisation de la tâche et non sur la connaissance produite par la réalisation de la tâche.

4.4.4 Formalisme d'extraction des éléments de connaissance dans les MP

Cette section décrit le formalisme utilisé pour représenter la connaissance au sein d'une instance d'un modèle de processus. Il présente également l'approche d'extraction des concepts de la connaissance (ECC). ECC est basée sur le modèle conventionnel de vecteur spatial (*Vector Space Model* : VSM) (Salton *et al.*, 1975). La connaissance est ainsi représentée par un vecteur projeté dans un espace à *n* dimensions. Cette approche utilise des expressions de premier ordre (booléen), ce qui signifie que le poids de chaque concept est à 1 lorsque le concept est nécessaire et 0 dans le cas inverse.

Chaque projet fait référence à une ontologie principale[12] constituée d'un ensemble fini et non vide de concepts pertinents identifiés par un nom symbolique, et ce, pour l'ensemble du processus. Cette ontologie est flexible dans le sens où l'utilisateur peut l'étendre et la modifier afin de l'adapter au contexte du projet. Dans ce contexte, le concept est l'unité cognitive de base

---

[12] L'ontologie peut contenir plusieurs dimensions (ex. dimension produit, projet et processus).

qui représente la connaissance. L'arbre des concepts, qui constitue cette ontologie, peut être représenté par le vecteur $\vec{k}$ suivant :

$$\vec{k} = (c_1, c_2, \quad \dots \quad , c_n) \qquad (1)$$

Les connaissances sont exprimées sous la forme d'un vecteur à n dimensions, que ces connaissances soient requises pour la réalisation d'une tâche ou soient fournies par les éléments SPEM (rôle, artéfact, guides) liés en entré à cette tâche.

L'exemple de la Figure 4.5 illustre la représentation vectorielle de la connaissance. Comme on peut le constater, chaque concept constitue un axe de l'espace. À titre d'exemple, l'élément SPEM E_1 est le vecteur de coordonnées (2, 3, 7) dans cet espace vectoriel à base de concepts. Les N-uplets (2, 3, 7) constituent en fait le poids de chaque concept.

$$E_1 = 2c_1 + 3c_2 + 7c_3$$
$$E_2 = 3c_1 + 5c_2 + 1c_3$$
$$T = 0c_1 + 0c_2 + 1c_3$$

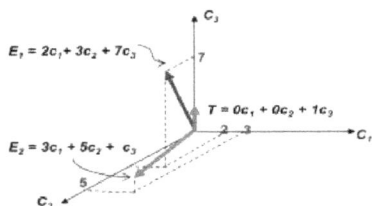

Figure 4.5 : Exemple d'une représentation vectorielle de la connaissance

Pour évaluer la mise en correspondance (*mappage*) entre les concepts fournis et ceux requis, considérons d'abord l'ensemble des connaissances fournies par chaque élément SPEM lié en entrée à la tâche, ces vecteurs sont représentés dans la matrice suivante :

$$\begin{pmatrix} & C_1 & C_2 & .... & C_n \\ E_1 & w_{11} & w_{21} & ... & w_{n1} \\ E_2 & w_{12} & w_{22} & ... & w_{n2} \\ \vdots & \vdots & \vdots & & \vdots \\ \vdots & \vdots & \vdots & & \vdots \\ E_p & w_{1p} & w_{2p} & ... & w_{np} \end{pmatrix} \quad (2)$$

Où W_{ij} représente le poids (la pertinence) du concept. Nous présentons un formalisme généralisé, mais nous avons retiré de notre implémentation la considération de la pertinence. La raison est due à la subjectivité de cette variable. Ainsi, W_{ij} est traitée comme une variable booléenne (0,1).

Dans le but d'évaluer l'écart de connaissance entre chaque tâche et les éléments SPEM qui lui sont liés, nous avons utilisé deux approches, chacune avec une finalité différente. La première approche met l'accent sur l'évaluation du mappage entre les concepts et se fixe comme objectif un tableau de mappage (voir Figure 4.6). La seconde met l'accent sur la mesure de la qualité de mappage (angle entre les vecteurs) et se fixe comme objectif une évaluation quantitative de l'écart entre les connaissances associées à une tâche (voir Figure 4.7).

❖ *Première approche : Évaluation du mappage*

Afin d'évaluer le mappage des concepts de connaissance exigés par la tâche avec ceux fournis par les éléments SPEM autour de cette tâche, un calcul de la similarité entre les vecteurs correspondant est réalisé dans un espace préhilbertien[13] (*Inner Product*).

---

[13] Un espace préhilbertien est un espace vectoriel réel, fini dans notre cas, muni d'un produit scalaire.

$$\text{Sim (Ej , T)} = \text{Ej} \bullet \text{T} = \sum_{i=1}^{n} W_{ij}\, W_{iq} \qquad\qquad (3)$$

Où W_{ij} est la pertinence du concept i dans l'élément SPEM E_j qui le fourni et W_{iq} est la pertinence du concept C_i requis pour la réalisation de la tâche T.

Dans le cas d'une pertinence booléenne des concepts (c.-à-d. vecteur binaire), la mesure de la similarité est égale au nombre de concepts mappés dans l'élément SPEM.

Dans le cas d'une pertinence non booléenne (chaque concept à un poids), la mesure est égale à la somme des produits des poids de tous les concepts mappés.

Ainsi, une des caractéristiques de cette approche d'évaluation tient du fait qu'il est possible d'avoir un nombre très grand de concepts et que le calcul retourne uniquement les concepts mappés. L'exemple suivant illustre le calcul :

Ƴ *Exemple avec des concepts binaires :*

	Concept 1	Concept 2	Concept 3	Concept 4	Concept 5	Concept 6	Concept 7
E =	1	0	0	1	1	0	1
T =	1	1	0	1	0	1	1

La taille des vecteurs est égale à 7. La valeur 1 indique que le concept est présent et 0 sinon.

$$\text{Sim (E,T)} = 3$$

Exemple avec des concepts pondérés :

$E_1 =$	$2\,C_1 + 3\,C_2 + 5\,C_3$
$E_2 =$	$3\,C_1 + 7\,C_2 + 1\,C_3$
$T =$	$0\,C_1 + 0\,C_2 + 2C_3$

Dans ce cas, nous avons choisi uniquement trois concepts pour illustrer le calcul de la similitude.

$$Sim\,(E_1, T) = 2*0 + 3*0 + 5*2 = 10$$

$$Sim\,(E_2, T) = 3*0 + 7*0 + 1*2 = 2$$

❖ *Deuxième approche : Évaluation de qualité du mappage*

Pour cette deuxième approche, l'intérêt est de savoir de combien diverge le mappage de la situation idéale. Dans ce cas, la mesure de la similarité cosinus indique le cosinus de l'angle entre les deux vecteurs.

$$\text{CosSim}(e_j, t) = \frac{\vec{e_j}.\vec{t}}{|\vec{e_j}| \cdot |\vec{t}|} = \frac{\sum_{i=1}^{n}(w_{ij} \cdot w_{iq})}{\sqrt{\sum_{i=1}^{n} w_{ij}^2 \cdot \sum_{i=1}^{n} w_{iq}^2}} \quad (4)$$

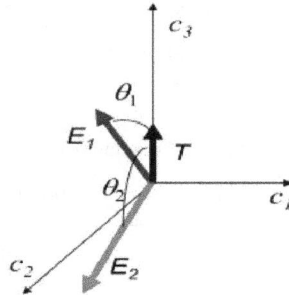

Exemple :

$E_1 = 2C_1 + 2C_2 + 5C_3$

$E_2 = 3C_1 + 7C_2 + 1C_3$

$$\text{CosSim}\,(E_1, T) = \frac{10}{\sqrt{(4+9+25)(0+0+4)}} = 0.81$$

$$T = 0C_1 + 0C_2 + 2C_3 \qquad\qquad CosSim\ (E_2, T) =$$

$$\frac{2}{\sqrt{(9+49+1)(0+0+4)}} = 0.13$$

Dans cet exemple, le mappage de l'élément E_1 est six (6) fois meilleur[14] que celui de l'élément E_2.

Au niveau de l'implémentation, l'algorithme suivant est utilisé :

Extraire l'ensemble des concepts nécessaires à la réalisation de chaque tâche en les présentant dans un vecteur pondéré t.

Ensuite, extraire l'ensemble des concepts fournis par les éléments SPEM (vecteur e_j) qui sont en liaison avec la tâche en les présentant dans une collection E.

Pour chaque e_j dans E, faire : calcul du résultat $r_j = CosSim\ (e_j, t)$

Assigner une icône à chaque type de résultat et présenter le tableau de bord.

Concrètement, le calcul de mappage (i.e., l'inadéquation) est la différence entre les deux vecteurs des concepts requis et celui des concepts fournis pour une tâche donnée. Cinq résultats sont possibles comme indiqué au Tableau 4.4.

Tableau 4.4: Description des icônes dans le tableau de bord de mappage des concepts

Résultat	Description	Icône
Non pertinent	Importe peu puisqu'il n'est ni requis ni fourni. Il est visible juste pour indiquer sa présence.	Néant
Non utilisé	Est fourni sans être requis par une tâche.	⊘
Non mappé	Requis mais non fourni par les éléments	✖

---

[14] Même si l'échelle n'est pas linéaire, le but est d'ordonner quantitativement le mappage des concepts.

	en entrée de la tâche.	
Inadéquatement mappé	Est fourni mais pas dans le bon format. Il y a une non-concordance dans la valeur d'un des attributs du concept (ex. procédural et déclaratif).	⚠
Complètement mappé	Est requis par la tâche et fourni dans le bon format par un des éléments en entrée liés à la tâche. Il y a une concordance dans ce cas.	✓

Les icônes du Tableau 4.4 constituent les indicateurs visuels qui supportent l'analyse des tableaux de bord présentés à la section suivante.

4.4.5 Mise en œuvre : tableaux de bord liés à la gestion des connaissances

En guise de rappel, l'objectif principal d'une perspective orientée gestion de connaissance est de fournir un support à l'analyse et à la prise de décision pour le modélisateur du processus ou toute partie prenante du projet. La présentation d'un tableau de bord permet de se faire une idée rapide des concepts de connaissances manquants qui pourraient augmenter les risques lors de la réalisation du produit.

La Figure 4.6 présente le premier tableau de bord généré automatiquement par l'outil DSL4SPM. Ce tableau de bord est le résultat d'un algorithme de mappage entre les concepts de connaissances tels que formalisés précédemment. Pour chaque tâche du processus, le système représente l'état du concept de connaissance avec un des indicateurs : complètement mappé, inadéquatement mappé ou non mappé.

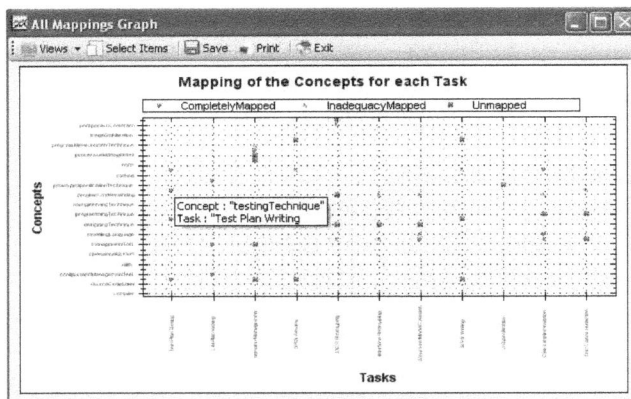

Figure 4.6: Tableau de bord du mappage des concepts

Le tableau de bord permet d'identifier les tâches problématiques dans le processus. Les gestionnaires de processus et de projet pourraient se concentrer sur les tâches potentiellement problématiques et ainsi identifier des pistes de solutions efficaces. Nous présentons dans la section discussion quelques recommandations concernant les actions à prendre.

Pour répondre à la question relative à combien est évalué l'écart par rapport à une situation normale, nous proposons un algorithme de calcul de l'angle de déviation entre les concepts requis et fournis, et ce, pour chaque tâche. Le calcul du vecteur de déviation est quantitatif, la Figure 4.7 présente un deuxième tableau de bord qui illustre le résultat attendu. À la différence du tableau de la Figure 4.6 qui identifie les concepts manquants, celui de la Figure 4.7 met l'accent sur la mesure de l'écart par rapport à une situation normale préconfigurée.

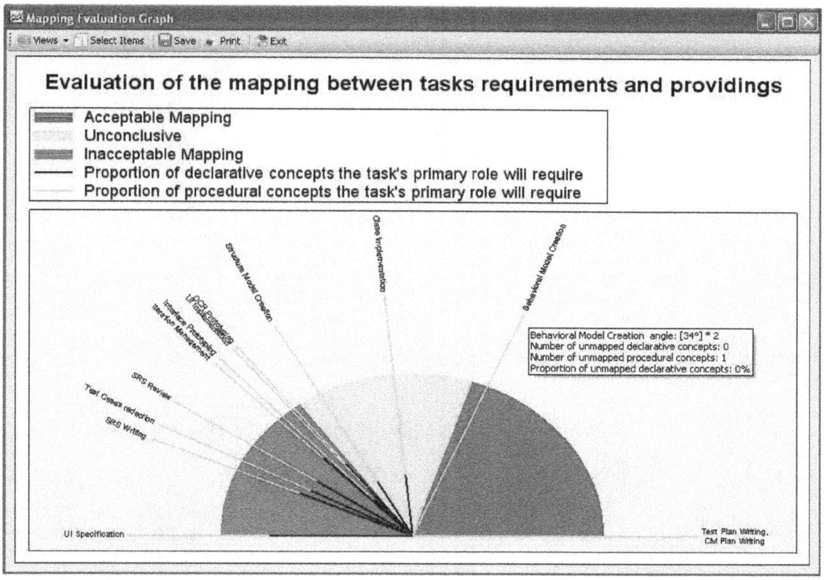

Figure 4.7: Angle de déviation pour le mappage des concepts

Comme l'illustre la Figure 4.7, le graphique est divisé en trois zones (rouge, jaune et vert). Force est de signaler que la dimension de ces zones est paramétrable, le modélisateur indique le seuil d'acceptation pour les déviations (non acceptable (rouge) ; acceptable (jaune), mais avec analyse et acceptable (vert)). Chaque flèche représente une tâche du processus. L'angle de la flèche représente le degré de satisfaction en termes de connaissance pour la réalisation de la tâche donnée. À titre d'exemple, la tâche nommée « *Test Plan Writting* » est complètement mappée, c.-à-d. tous les concepts exigés pour réaliser cette tâche lui sont fournis, alors que la tâche « *UI Specification* » est très risquée vu sa grande divergence par rapport à la situation désirée. La Figure 4.8 présente une capture d'écran pour le paramétrage des trois zones de déviation.

133

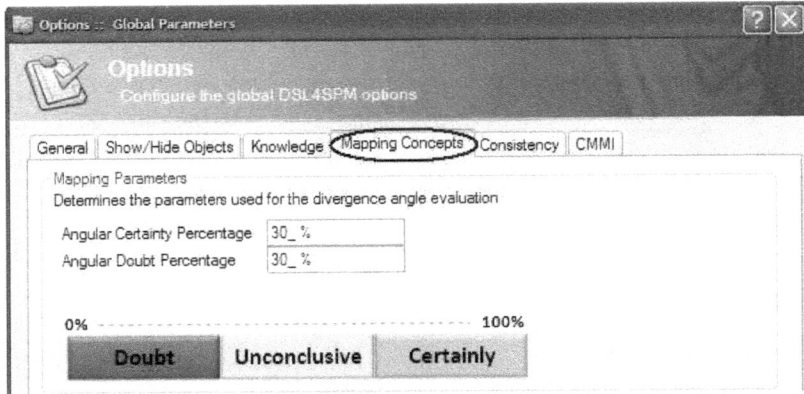

Figure 4.8: Paramétrage des zones de déviation pour le tableau de bord

Pour mesurer la valeur de la déviation, le système calcul le cosinus entre les deux vecteurs. Ceci donne un indicateur sur la qualité de la correspondance entre les concepts prévus pour la réalisation de la tâche et ceux fournis par les éléments en relation avec cette tâche.

Le cosinus varie entre 0 et 1, la mesure doit satisfaire l'une des propriétés suivantes :

Dans le cas où les vecteurs des concepts requis et fournis coïncident complètement, la valeur du cosinus de l'angle est égale à 1.

Si les vecteurs n'ont aucun concept en commun, alors la valeur de l'angle est égale à 90 degrés.

Dans tous les autres cas, le mappage fournit un résultat entre 0 et 90 degrés.

Les bénéfices attendus d'une telle présentation de l'angle de déviation au niveau des connaissances peuvent être directement corrélés avec la flexibilité permise notamment quant au degré d'agilité. Ainsi, suite à ces indicateurs, le gestionnaire peut décider de l'intérêt à réaliser les tâches de la zone rouge avec une approche appropriée (ex. agile au sens plus d'itérations et de validations). Encore, si le gestionnaire remarque une déviation importante, il pourra décider de gérer le risque en sous traitant le bloc de tâches ou tout simplement en en assurant la formation pertinente aux personnes impliquées pour augmenter leurs connaissances.

4.5 Représentation du flux de connaissance

4.5.1 Extension du méta-modèle

Pour supporter la présentation des flux de connaissances, nous proposons deux extensions pour SPEM : **(i)** l'ajout de deux éléments à la liste des concepts de SPEM et **(ii)** l'ajout d'un attribut cognitif aux relations entre les éléments SPEM.

La première extension consiste en l'ajout de deux nouveaux éléments qui sont pertinents pour la gestion des connaissances, à savoir : « *Meeting* » et « *External Information* ». Le premier élément permet de modéliser la tâche des réunions étant donné que le face-à-face est une pratique très importante pour la création, synchronisation et partage des connaissances. « *External Information* », quant à lui, permet la représentation des sources de connaissance externes (ex. code pour une API existante dans Sourceforge, documentation d'une librairie, etc.). Le Tableau 4.5 explicite les attributs de ces nouveaux éléments proposés.

Tableau 4.5: Nouveaux éléments qui étendent les éléments existants de SPEM

icône	Attributs	Description
	Nouveau éléments SPEM nommé « *Meeting* »	
Meeting	Brève description	Décrit l'élément brièvement en langage naturel.
	Objectif	Décrit l'objectif de l'élément.
	Durée estimée	La durée estimée pour la réunion (ex. Doc, rapport, etc.).
	Entrée explicite	Décrit les éléments à étudier avant la réunion.
	Sortie explicite	Décrit les sorties éventuelles de la réunion (ex. rapport, mise à jour de doc, etc.).
	Base pour une décision	Décrit s'il y aura ou non des décisions importantes à prendre pendant la réunion.
	Formel	Décrit si la réunion est formelle ou non.
	Planifié	Décrit si la réunion est planifiée ou ad hoc.
	Type	Décrit le type de réunion et peut prendre une des valeurs : Synchronisation, revue, Mentor, Brainstorming, Post mortem, Planification.
	Nouveau éléments SPEM nommé « External Information »	
External Information	Brève description	Décrit l'élément brièvement en langage naturel.
	Objectif	Décrit l'objectif de l'élément.
	Source	permet de renseigner l'emplacement physique de l'élément (ex. URL source forge, chemin du répertoire de stockage).

La deuxième extension porte sur l'ajout de deux attributs dans la relation entre les éléments SPEM : « *Cognitive Factor* » et « *Importance Level* ». Le premier attribut représente l'équivalent des quatre modes de conversion de Nonaka & Takeuchi (voir Tableau 4.1 de la section 4.3.1). Ces modes : acquisition, synchronisation, cristallisation et validation permettent de rendre compte de la nature cognitive que le rôle doit engager pour réaliser la tâche. Le second attribut décrit le niveau d'importance du facteur cognitif, il peut prendre une des valeurs : essentiel, important ou optionnel. La Figure 4.9 illustre l'intégration sur le plan conceptuel des nouveaux concepts et des relations proposés comme extension. La Figure 4.10 présente l'utilisation des attributs des relations proposées lors de la modélisation.

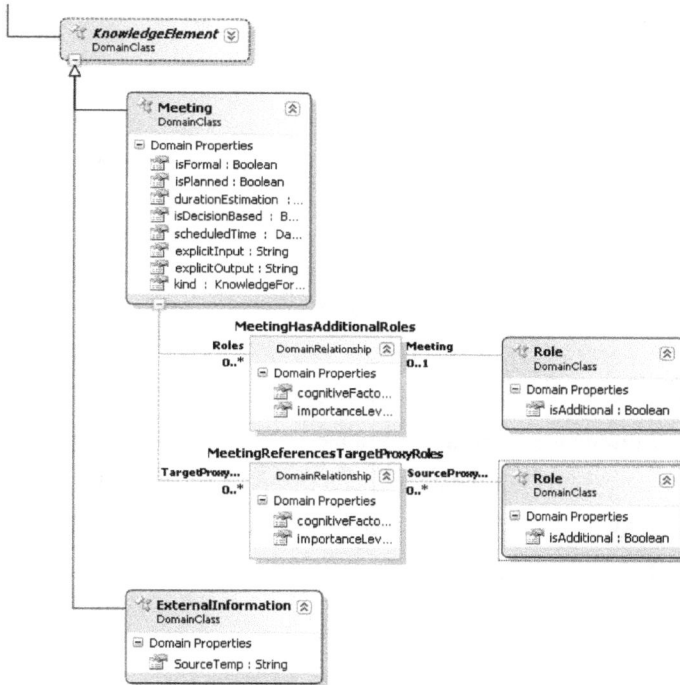

Figure 4.9: Modèle conceptuel qui étend SPEM avec des éléments de connaissance

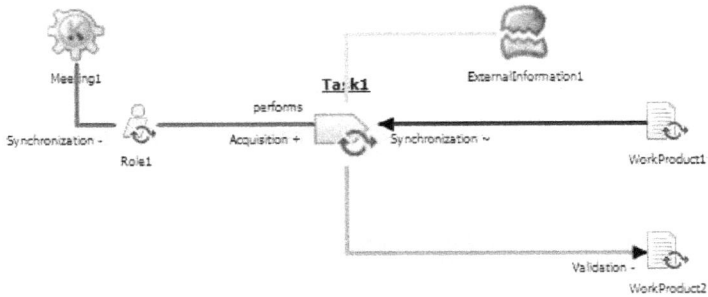

Figure 4.10: Exemple pour la modélisation du flux de connaissance

Dans la Figure 4.10, le Rôle1 doit réaliser la Tâche1 pour acquérir de la connaissance (facteur cognitif = acquisition). Ce facteur cognitif est essentiel (symbolisé par +). La réalisation de la tâche1 exige en entrée le « *Worproduct1* » nécessitant le facteur cognitif de synchronisation important (˜). La réalisation de la tâche1 a comme sortie le « *Worproduct2* » qui exige un facteur cognitif de validation optionnel (-). Aussi, le Rôle1 assiste à une réunion « Meeting1 » pour synchroniser les connaissances (ex. Révision de code). On note que la réalisation de la tâche1 nécessite une information externe (ex. API à partir de Sourceforge).

En outre, dans une étude sur les flux de connaissance dans les organisations du développement de logiciel, Hansen et Kautz expliquent quatre motifs d'analyse de la circulation des flux de connaissance : hubs, trous noirs, lignes vertes, et les liens manquants (Hansen et Kautz, 2004).

Les hubs présentent des personnes qui ont plusieurs rôles dans l'organisation, ces personnes concentrent beaucoup de connaissance et peuvent présenter des risques graves pour le déroulement du projet s'ils ne livrent pas l'expertise qu'on attend d'eux. Les trous noirs représentent des individus qui absorbent beaucoup de connaissances, mais produisent peu. Les lignes vertes reflètent une fluidité dans le transfert des connaissances et offrent des conditions idéales pour le déroulement du projet. Finalement, les liens manquants sont des connexions qui peuvent être bénéfiques, mais qui sont absentes pour une raison quelconque.

Nous avons repris la même approche pour identifier ces scénarios dans un MP. La Figure 4.11 présente une vue sur le flux de connaissance.

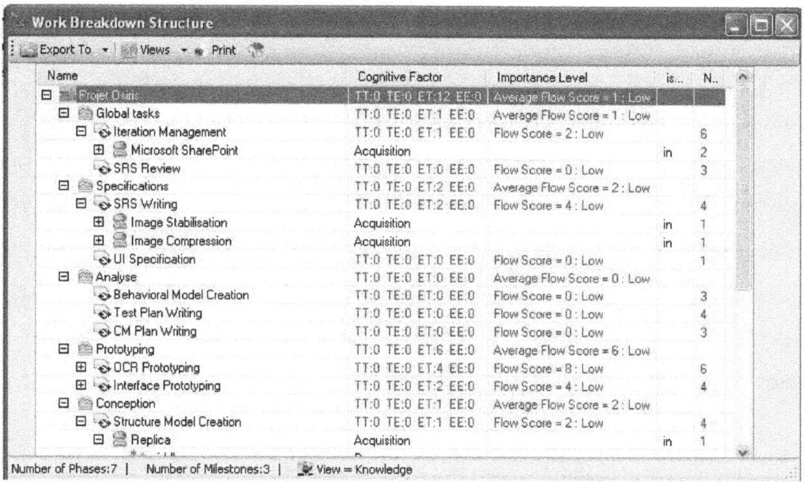

Figure 4.11: Flux de connaissance dans un MP

Bien que nous ayons pu récupérer pour chaque tâche tous les liens, il a été difficile d'élaborer un modèle de calcul qui permettrait d'identifier clairement les quatre scénarios de fluidité de la connaissance définis dans (Hansen et Kautz, 2004). La Figure 4.11 présente la vue des flux de connaissance qui est générée automatiquement par le système. Comme on peut le constater pour chaque tâche du processus, le système récupère l'information des liens des éléments SPEM qui sont en relation avec cette tâche et extrait l'attribut cognitif de chaque lien. Ensuite le système calcule une synthèse pour chaque niveau. À titre d'exemple, la tâche nommée « *SRS Writing* » présente deux liens avec deux autres éléments SPEM qui impliquent deux facteurs cognitifs de type *ET* (acquisition).

4.6 Études de cas

L'approche proposée pour la modélisation des connaissances a été appliquée à un projet clinique réalisé par les étudiants finissant d'un programme de baccalauréat à l'école Polytechnique de Montréal (Kerzazi *et al.*, 2010). Concrètement, nous avons fait une post-analyse du processus en nous basant sur trois sources de données : *(1)* le processus original qui a été proposé pour la conduite du projet ; *(2)* les données du système de gestion de version qui consigne les dates et la description du travail réalisé et *(3)* un fichier de saisi des activités dans lequel les étudiants devaient indiquer les tâches sur lesquelles ils ont travaillé.

Tableau 4.6: Synthèse sur la représentation de la connaissance pour le projet Osiris

Activités	Liens in	Concepts fournis	Concepts requis
Iteration Management	4	4	6
SRS Review	1	2	3
SRS Writing	3	3	4
UI Specification	0	0	1
Behavioral Model Creation	2	4	3
Test Plan Writing	1	4	4
CM Plan Writing	3	6	3
OCR Prototyping	6	8	6
Interface Prototyping	5	6	4
Structure Model Creation	10	9	4
Class Implementation	6	10	5

Writing Up Test Cases	4	3	3
UI Implementation	5	9	4

Le Tableau 4.6 présente une synthèse de tous les concepts impliqués dans le MP. Pour chaque activité du processus, on note le nombre de liens entrants à cette tâche, le nombre de concepts fournis pas ces liens et le nombre de concepts nécessaires pour la réalisation de la tâche. À titre d'exemple la tâche « *Iteration Management* » possède quatre liens en entrée qui fournissent ensemble quatre concepts, alors qu'elle nécessite six concepts pour être réalisée. La Figure 4.12 présente le tableau de bord résultant de cette étude de cas.

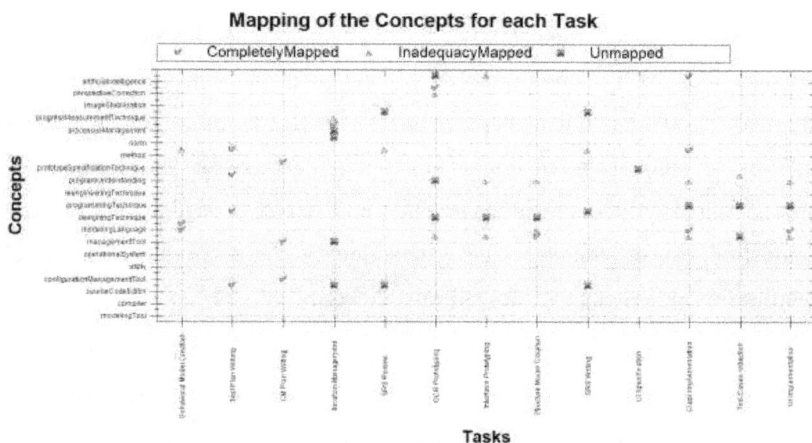

Figure 4.12: Résultat du mappage des concepts de l'étude de cas.

4.7 Stratégie de validation

Afin de valider la pertinence et les bénéfices de la perspective de modélisation orientée gestion des connaissances, nous avons réalisé deux études de cas. La première a permis de valider la facilité d'utilisation de l'approche et a soulevé des questionnements, notamment sur la variation des choix de concepts. Ces questionnements ont été traités dans la seconde étude de cas.

4.7.1 Première étude de cas

La première étude de cas concerne deux populations différentes. Une première population constituée de neuf étudiants de 4ème année impliqués dans la réalisation de deux projets (premier projet de quatre étudiants et le second de cinq étudiants). Avec cette population, il s'agissait de valider, dans le cadre d'un projet réel, l'utilité de l'outil avec les processus produits par les deux équipes pour conduire leurs projets.

Une deuxième population composée de 20 étudiants de 4ème année qui suivent le cours LOG3000[15] « processus de génie logiciel ». À la différence de la première population qui a mis l'accent sur l'aspect réalisation du produit logiciel, la seconde population a plutôt mis l'accent sur les pratiques du processus, puisqu'il s'agissait avant tout d'un exercice pédagogique pour cette population. Avec cette deuxième population, il s'agit d'évaluer la facilité d'utilisation et la pertinence des tableaux de bord.

De façon générale, l'objectif de la première étude de cas était d'évaluer l'applicabilité de la perspective de gestion de connaissance telle que conçue dans l'outil DSL4SPM V 1.5 (Kerzazi et Robillard, 2010). Plus précisément, nous avons tenté de répondre aux deux questions suivantes :

Question 1 : Pour l'ontologie des concepts proposée par défaut et pour un échantillon de 29 sujets, quel serait le niveau d'agrément pour le choix

---

[15] Cours offert à l'école polytechnique de Montréal pour les étudiants de 4ième année option génie logiciel.

des concepts de connaissance pour des tâches données, des rôles donnés et des artéfacts ? En d'autres mots quel serait le niveau de cohérence ?

Question 2 : Est-ce qu'un utilisateur, avec une formation de base[16] sur l'outil DSL4SPM, est en mesure d'identifier des non-appariements ou des incohérences qui démontrent un défaut de connaissance dans le mappage des concepts pour les entités rôle, activité et artéfact ?

Pour ce faire, nous avons recruté une population d'étudiants volontaires pour réaliser un exercice dans un environnement contrôlé (salle dédiée avec observation des sujets). La durée approximative allouée à la réalisation de l'exercice était de 30 min / sujet. La procédure suivante a été préconisée :

Présenter aux membres des deux populations la perspective de modélisation avec un petit exemple.

Fixer[17] trois activités non triviales du processus (à partir de phases différentes).

Demander aux intervenants d'identifier les concepts de connaissances nécessaires à la réalisation de la tâche. Ces concepts devront être choisis à partir de l'arbre de concepts par défaut (c.-à-d. l'ontologie proposée).

De la même façon, identifier les concepts pour le rôle et les artéfacts en entrée de la tâche.

Répondre à un questionnaire d'évaluation de l'approche, voir l'**ANNEXE 4** pour plus de détail.

---

[16] On entend par formation de base une présentation de 30 min avec un exercice de 15 min.

[17] Ex. l'équipe 1 décrit sept activités dans son processus, nous retenons : élicitation, conception, implémentation et exécution des tests.

Les 20 étudiants du cours LOG3000 ont été divisés en deux groupes : le premier groupe modélise les connaissances requises pour la réalisation des activités prédéfinies, le second groupe modélise les connaissances fournies par les éléments autour des tâches. Cette séparation nous a permis d'éviter un biais lié au conditionnement des sujets. En effet si le sujet réalise les deux parties, il tentera inconsciemment de faire les mêmes choix pour la deuxième partie.

De prime abord, l'analyse du questionnaire (voir le détail du questionnaire en ANNEXE 4) a permis de récupérer les résultats sur la satisfaction générale par rapport à l'approche, l'utilité et l'effort de modélisation. La Figure 4.13 présente une synthèse de l'analyse des données du questionnaire relative à la satisfaction générale des répondants. 53% des répondants déclarent être très satisfaits de l'approche et 47% se déclarent satisfaits.

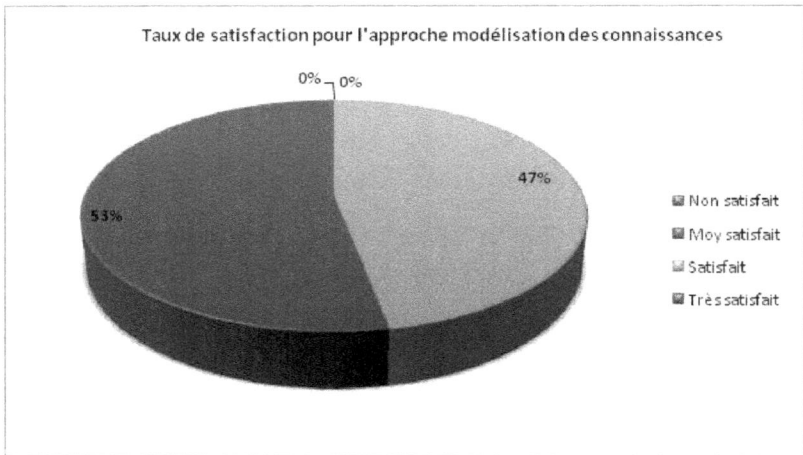

Figure 4.13: Satisfaction générale d'applicabilité de l'approche GC

Plus particulièrement, concernant l'effort relatif au choix des concepts et l'utilité du tableau de bord généré par le système, la Figure 4.14 montre que la plupart des répondants sont satisfaits de l'utilité du tableau de bord (59 % satisfaits et 35 % très satisfaits). En ce qui concerne l'effort de modélisation, les répondants sont satisfaits dans une proportion de 59 % et 41 % sont moyennement satisfaits de l'effort fourni.

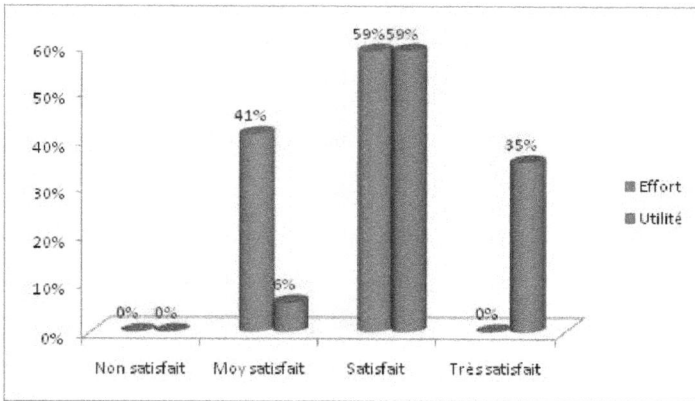

Figure 4.14: Résultats de l'appréciation de l'effort et l'utilité de l'approche

Nous pouvons conclure que, de façon générale, l'approche de modélisation des connaissances dans les processus de génie logiciel est satisfaisante.

Ensuite, les résultats de la modélisation nous ont permis de répondre aux deux questions précédentes. Pour la première question, le choix des concepts n'est pas trivial néanmoins les données statistiques ne révèlent pas de cohérence dans le choix des concepts réalisé par les sujets pour tous les éléments SPEM. La réponse à la deuxième question a révélé une certaine variabilité au niveau des choix de concepts. En effet, les résultats indiquent une certaine

145

discordance dans le choix des concepts de connaissances impliqués (requis et fournis).

L'analyse des résultats, de cette première étude de cas, nous a aussi permis de mieux comprendre les forces et les limites d'une telle approche :

ϒ *Forces*

Les résultats de l'étude montrent que le tableau de bord est très intéressant pour analyser les risques liés au manque de connaissances.

L'approche n'est pas contraignante dans son utilisation dans la mesure où elle ne nécessite pas un effort considérable pour le choix des concepts (12 min en moyenne par sujet).

Le Tableau de bord a permis de changer la vision des sujets concernant la modélisation des processus de génie logiciel. En effet, la majorité (plus que 90%) des étudiants se sont rendu compte qu'un MP n'est pas uniquement une liste d'activités à réaliser, mais incarne aussi d'autres préoccupations qui rationnalisent la modélisation.

ϒ *Limites*

L'attribut procédural/déclaratif lié aux concepts de connaissance n'est pas facile à identifier.

L'ontologie proposée qui est, rappelons-le, basée sur les travaux d'Anquetil (Anquetil, *et al.*, 2007), n'est pas complète dans le sens où elle n'offre pas d'intention pour les concepts ce qui faciliterait leur mise en contexte.

La comparaison entre l'approche adoptée par les étudiants impliqués dans des projets réels n'était pas la même que celle adoptée par les étudiants qui suivent le cours des processus. En effet, nous avons noté que les sujets impliqués dans des projets réels essayent d'identifier des concepts liés à la réalisation du produit (ex. langage de programmation, API, etc.), alors que les étudiants impliqués dans le cours des processus cherchent des concepts liés soit aux notions de processus soit aux notions de projet (ex. qualifications des rôles ou assignation des rôles à des personnes).

Cette deuxième limite a soulevé une nouvelle question, à savoir : comment réduire la variabilité dans le choix des concepts de connaissances. La piste qui a été explorée est basée sur deux points :

L'extension de l'ontologie qui permet de passer d'une ontologie minimalement générale à une ontologie plus riche et mieux adaptée au contexte du projet à réaliser ;

La subdivision de l'ontologie en trois dimensions : produit, projet et processus. Dans ce sens, un raffinement de la structure de l'ontologie a été réalisé dans le but de guider les choix et par conséquent réduire la variabilité liée au contexte de chaque concept.

La section suivante présente le deuxième cas d'étude qui se fixe comme objectif principal la réponse à la nouvelle question soulevée par la première étude de cas, à savoir : la variabilité dans le choix des concepts.

4.7.2 Deuxième étude de cas

Le deuxième cas d'étude se déroule avec la même procédure que le premier cas et implique une population de 36 étudiants répartis en 17 groupes inscrits au cours Log3000 et impliqués dans le projet intégrateur de 3ième année. La population pour cette étude de cas présente les mêmes caractéristiques (même niveau d'étude, même contexte académique, etc.).

Pour remédier aux problèmes liés essentiellement à la nature générique de l'ontologie utilisée au premier cas d'étude, nous avons fait le choix de déléguer le développement des ontologies (une ou plusieurs) à un outil spécialisé, tel que protégé 2000 (Horridge, 2004), en veillant au respect des formats standards OWL (Ontology Web Language) et RDF (Resource Description Framework). Ainsi, nous avons conçu trois ontologies alignées sur trois axes différents : produit, projet et processus. L'ensemble des trois ontologies comptent 108 concepts. La Figure 4.15 illustre le formulaire adapté pour le deuxième cas d'étude.

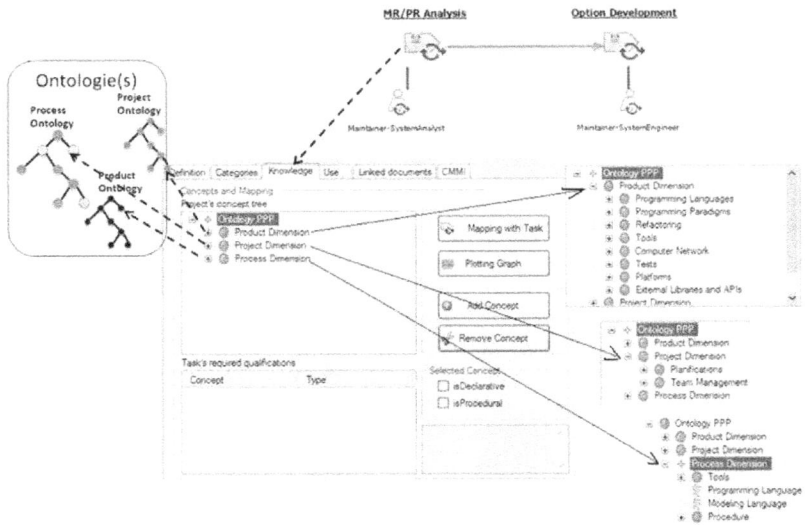

Figure 4.15: Ontologie basée sur trois dimensions

En outre, le nombre de concepts de l'ontologie est passé de *26* pour le premier cas d'étude à *108* pour le second cas d'étude. Cette expansion de l'ontologie a permis un raffinement des concepts dans le but de minimiser la variabilité dans le choix des concepts.

Avant de présenter les résultats de l'analyse du second cas d'étude, il convient de noter que la variable « choix des concepts » est nominale. Le choix peut prendre l'une des valeurs suivantes :

- 0 si le concept n'est pas choisi ;
- 1 si le concept est requis en mode déclaratif ;
- 2 si le concept est requis en mode procédural ;
- 3 si le concept est requis à la fois en mode déclaratif et procédural.

Pour illustrer l'approche d'analyse, prenons le cas de la tâche « *Schedule and Assign Tasks* ». Le

Tableau 4.7 présente les résultats de choix des concepts pour les 17 groupes. Il convient de noter qu'on ne présente que l'ensemble des choix réalisés à un taux supérieur ou égal à 29% (c.-à-d. que le concept doit être choisi par au moins 5 groupes parmi les 17 sinon il est considéré comme non significatif pour l'analyse), le but est de mettre l'emphase sur les concepts à forte concentration des choix comme illustré dans le

Tableau 4.7. Néanmoins, il est pertinent de noter qu'il y a consensus dans le non choix des concepts (parmi les 108). À titre d'exemple, le

Tableau 4.7 montre que 14 des 17 groupes ont identifié le concept C75 (première colonne) comme pertinent pour la réalisation de la tâche « *Schedule and Assign Tasks* » et que le concept C78 a été identifié par 16 groupes parmi 17. Toutefois, on constate dans le

Tableau 4.7 une variabilité dans le choix de l'attribut procédural/déclaratif (variation de 1 à 3) dans le choix des concepts.

À ce niveau d'analyse, on peut conclure que pour la tâche « *Schedule and Assign Tasks* », l'ensemble des concepts de connaissances nécessaires à sa réalisation ont été identifiés par presque tous les 17 groupes, alors qu'on note une confusion dans le choix des attributs procédural/déclaratif concernant chaque concept identifié.

Tableau 4.7: Choix des concepts avec l'attribut procédural/déclaratif

Schedule and Assign Tasks							
Groupes	C75	C76	C77	C78	C79	C80	C81	C82
Groupe1	0	2	0	1	2	2	1	0
Groupe2	1	1	1	1	2	2	0	0
Groupe3	3	3	3	3	3	3	0	0
Groupe4	3	3	3	3	3	3	3	3
Groupe5	1	1	1	1	2	2	0	0
Groupe6	2	2	2	2	2	2	2	2
Groupe7	1	1	1	1	1	1	0	0
Groupe8	2	2	1	1	3	3	3	0
Groupe9	2	2	2	2	2	2	2	2
Groupe10	3	3	3	3	3	1	3	3
Groupe11	0	0	0	3	3	3	3	3
Groupe12	0	0	0	0	0	0	0	0
Groupe13	1	1	1	1	1	1	0	0
Groupe14	1	1	1	1	1	1	0	0
Groupe15	3	3	3	3	3	3	0	0
Groupe16	3	3	1	1	1	1	1	1
Groupe17	3	3	3	3	0	0	0	0

Pour la suite de l'analyse, nous allons faire abstraction de l'attribut procédural/déclaratif puisqu'il présente une structure fine de l'ontologie qui n'est pas assimilée par les étudiants[18].

Le

Tableau 4.8 démontre que si on ne tient pas compte de l'attribut procédural/déclaratif (i.e., normaliser le choix à 0 ou 1), on peut noter de façon claire que la variabilité dans le choix des concepts est faible. À titre d'exemple. On peut remarquer que le concept C78 a été identifié par 94% des groupes comme nécessaire pour la réalisation de la tâche « *Schedule and Assign Tasks* ».

Tableau 4.8: Résultats relatifs au choix des concepts sans l'attribut procédural/déclaratif

---

[18] Afin de résoudre ce problème dans les travaux futurs, nous prévoyons offrir une formation adéquate pour les groupes sur l'utilisation de l'attribut procédural/déclaratif et vérifier l'assimilation des notions derrière ces attributs avant l'expérimentation. Ces attributs peuvent ne pas être importants dans un contexte académique, mais ils sont capitaux pour un gestionnaire de projet qui doit dans certains cas juger de l'expertise des membres de son équipe avant d'estimer l'effort de réalisation.

Schedule and Assign Tasks								
Groupes	C75	C76	C77	C78	C79	C80	C81	C82
Groupe1	0	1	0	1	1	1	1	0
Groupe2	1	1	1	1	1	1	0	0
Groupe3	1	1	1	1	1	1	0	0
Groupe4	1	1	1	1	1	1	1	1
Groupe5	1	1	1	1	1	1	0	0
Groupe6	1	1	1	1	1	1	1	1
Groupe7	1	1	1	1	1	1	0	0
Groupe8	1	1	1	1	1	1	1	0
Groupe9	1	1	1	1	1	1	1	1
Groupe10	1	1	1	1	1	1	1	1
Groupe11	0	0	0	1	1	1	1	1
Groupe12	0	0	0	0	0	0	0	0
Groupe13	1	1	1	1	1	1	0	0
Groupe14	1	1	1	1	1	1	0	0
Groupe15	1	1	1	1	1	1	0	0
Groupe16	1	1	1	1	1	1	1	1
Groupe17	1	1	1	1	0	0	0	0
Taux d'identification du concept à l'a	14	15	14	16	15	15	8	6
% Taux d'identification du concept à	82%	88%	82%	94%	88%	88%	47%	35%

Le graphe de la Figure 4.16 montre le taux d'identification des concepts pour la tâche « *Schedule and Assign Tasks* ». On peut conclure qu'un nombre élevé de groupes a réalisé les mêmes choix de concepts pour cette tâche.

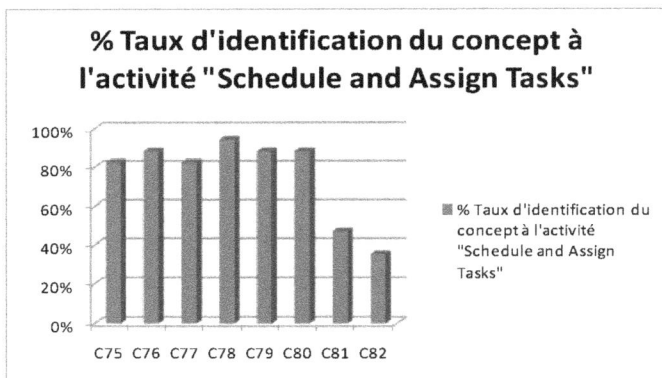

Figure 4.16: Taux d'indentification des concepts pour une activité

152

Pour évaluer l'impact des attributs procédural/déclaratif sur la variabilité des choix, les graphes suivants illustrent la comparaison des choix de concepts avec ou sans ces attributs. On note de façon claire qu'il y a consensus dans le choix du concept de connaissance nommé « *Identify tasks* », mais qu'il existe une confusion dans le choix de l'attribut procédural/déclaratif pour ce concept.

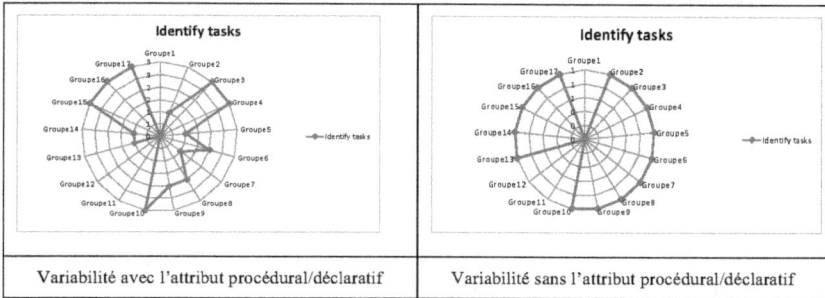

Variabilité avec l'attribut procédural/déclaratif	Variabilité sans l'attribut procédural/déclaratif

L'analyse des données relatives à l'ensemble des tâches est synthétisée dans le Tableau 4.9. Les mêmes constats concernant la première tâche ressortent pour les autres tâches, ce qui permet de tirer relativement les mêmes conclusions pour l'ensemble des tâches.

Tableau 4.9: Résultats pour l'ensemble des tâches du processus

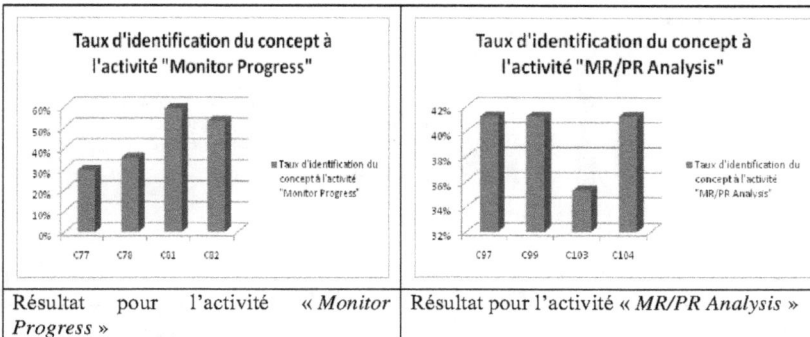

Résultat pour l'activité « *Monitor Progress* »	Résultat pour l'activité « *MR/PR Analysis* »

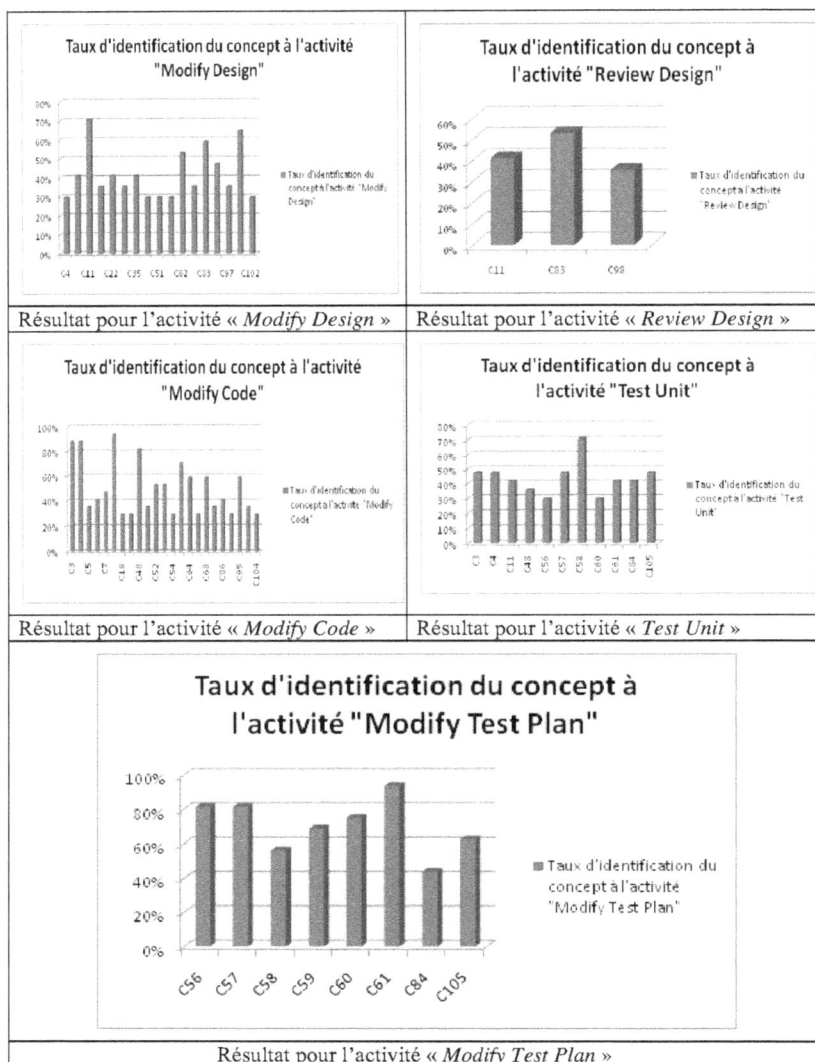

Taux d'identification du concept à l'activité "Modify Design"	Taux d'identification du concept à l'activité "Review Design"
Résultat pour l'activité « *Modify Design* »	Résultat pour l'activité « *Review Design* »
Taux d'identification du concept à l'activité "Modify Code"	Taux d'identification du concept à l'activité "Test Unit"
Résultat pour l'activité « *Modify Code* »	Résultat pour l'activité « *Test Unit* »

Résultat pour l'activité « *Modify Test Plan* »

L'analyse des données relatives à l'étude de la variabilité dans le choix des concepts révèle que dans le contexte d'un projet fixe (ex. Projet intégrateur de

3ième année pour ce cas d'étude), la variabilité au niveau des choix des concepts est acceptable de façon globale et relative. En effet, comme illustré au

Tableau 4.8, sur les 108 concepts fournis, les utilisateurs ont réalisé relativement les mêmes choix concentrés sur 8 concepts (C75 à C82) de même que les non-choix.

Ainsi, nous pouvons confirmer que le raffinement de l'ontologie permet de supporter la modélisation des connaissances comparativement à une ontologie générique telle que celle utilisée pour le premier cas d'étude.

En conclusion à cette deuxième étude de cas, l'approche de modélisation des connaissances avec l'utilisation d'ontologies de concepts est concluante. Néanmoins, un effort supplémentaire doit être fourni par les modélisateurs de processus pour produire une ontologie adaptée au contexte du projet à réaliser.

4.7.3 Validité pour les deux études de cas

Quatre types de validation sont discutés dans la littérature : validité interne, validité externe, validité de la construction et validité de la conclusion (Wohlin *et al.*, 2000). Pour le détail, voir aussi (Ward et Aurum, 2004). Ces considérations de validité ont guidé notre approche expérimentale et le questionnaire qui l'accompagne (voir ANNEXE 4) :

Validation interne : concerne l'influence des facteurs (variables indépendantes) sur les variables dépendantes (ex. l'expérience des participants peut-elle affecter les résultats). Le principal problème pour la validité interne de cette expérimentation tient du fait de la subjectivité des sujets dans le choix des concepts et leurs attributs. Cette subjectivité peut être généralisée pour un contexte industriel aussi. Toutefois, comme l'environnement de l'étude était contrôlé et que les sujets ont été formés et entrainés pour la réalisation des tâches, nous pensons que ce problème n'affecte pas la validité interne.

Validation externe : concerne la capacité ou non à généraliser les résultats de l'expérience. (ex. l'état de la représentativité du problème ou des participants). Les problèmes des études en milieu académiques sont évidents, d'autres études doivent être menées en milieu industriel.

Validation de la construction : concerne la relation entre les concepts théoriques derrière l'expérimentation et ce qui est mesuré. (ex. est-ce que les notions théoriques et pratiques sont définies de façon claire avant de définir les mesures à faire). Nous avons établi un formalisme mathématique pour la représentation des concepts de connaissances. Ce formalisme supporte la validité de la construction.

Validation de la conclusion : concerne la possibilité de dégager une conclusion correcte en dépit des relations entre les traitements et les données résultants de l'expérimentation. (ex. la force de la méthode statistique utilisée ou la fiabilité des mesures). Dans le cadre de cette étude, nous avons utilisé une approche statistique quantitative pour l'analyse des données. La taille des populations pour les deux cas d'étude nous permet de généraliser les conclusions de l'étude.

4.8 Synthèse

Les gestionnaires de processus peuvent analyser l'écart en termes de compétence entre les concepts de connaissance requis pour chaque tâche du processus et ceux agrégés par tous les éléments SPEM autour de cette tâche (ex. rôle, produit d'activité et guidage). Ce faisant, le système met en évidence les tâches plus à risques. Une ou plusieurs des décisions suivantes peuvent être prises dans le cas où des écarts de connaissance importants se manifestent :

- Rechercher d'autres éléments SPEM qui peuvent fournir les concepts manquants ;

- Préparer un plan d'urgence qui pourrait être l'identification d'une ressource (interne ou externe) capable de fournir l'expertise nécessaire ;

- Ajouter des rôles supplémentaires (consolider une équipe) qui soutiennent le rôle principal dans la réalisation de la tâche ;

- Modifier la stratégie de gestion des risques. La nouvelle stratégie pourrait être basée sur une approche par prototypage ou des cycles d'itérations courtes ;

- Réorganiser les activités du processus ou le calendrier du projet pour éviter, ou du moins réduire, les risques ;

- Déléguer une partie du projet à une tierce entité qui possède de meilleures compétences pour faire les activités ciblées ;

- Appuyer les gestionnaires dans les décisions liées au recrutement externe, à la formation de l'équipe, au soutien pour les activités de planification des disponibilités, etc.

La perspective de modélisation des connaissances présente les limites suivantes :

- Au début de la réalisation du projet, il pourrait être difficile, à cause notamment de la vision limitée des intervenants, d'évaluer les besoins en termes de connaissances (concepts). L'avis d'un expert est probablement nécessaire. Toutefois, cette limite est la même que celle observée dans d'autres pratiques telles que la planification ou l'estimation.

- Comme pour les systèmes experts, il pourrait être nécessaire de recourir à l'intervention d'un expert du domaine tôt dans le projet afin d'adapter l'ontologie des concepts de connaissance au contexte spécifique du projet.

- Certains attributs des concepts tels que la pertinence et le niveau d'abstraction ont été écartés pour des fins de simplification des choix des concepts. En effet, il y a un compromis à faire entre la simplicité de l'utilisation et la précision de la modélisation.

- Enfin, à l'instar de toute proposition conceptuelle, des études empiriques sont nécessaires pour d'une part, affiner l'ontologie proposée et d'autre part, valider l'utilité de l'approche dans un contexte industriel.

Nous avons proposé une nouvelle perspective orientée gestion des connaissances dans un MP. Cette approche est basée sur la représentation, l'extraction et la vérification du non-appariement des concepts de connaissance pour chaque tâche du processus. Cette perspective a permis d'étendre le standard SPEM 2.0 pour l'atteinte de deux objectifs : (1) représenter les attributs de la connaissance sur les éléments SPEM, et ce, en utilisant les théories cognitives ; (2) visualiser le flux de connaissance dans un MP. Le but ultime est d'avoir des MP complets et rigoureux.

Le premier objectif permet de dégager des tableaux de bord pour l'analyse de chaque tâche du processus. Ces tableaux de bord permettent une analyse des risques liés au manque de connaissance. En s'appuyant sur ces tableaux de bord, le gestionnaire de processus/projet peut se concentrer sur les tâches identifiées comme potentiellement problématiques. De cette façon, le système offre le support nécessaire pour une prise de décision éclairée.

Le deuxième objectif permet de dresser une vue basée non pas sur l'ordonnancement des activités, mais sur l'ordonnancement des facteurs cognitifs impliqués dans la réalisation des activités. Ceci devra faire l'objet d'une analyse plus poussée pour dégager des motifs (patterns) susceptibles de refléter des situations problématiques. Les scénarios proposés par Hansen et Kautz constituent le point de départ pour une future analyse (Hansen et Kautz, 2004).

CHAPITRE 5   SIMULATION DU MP

Ce chapitre présente la deuxième perspective proposée dans le cadre de ce projet de recherche. Il s'agit d'une extension de SPEM afin de permettre une simulation stochastique basée sur la méthode Monte-Carlo. La problématique se situe sur le plan de l'opérationnalisation d'un MP qui consiste à passer du niveau processus au niveau projet. Notre proposition est essentiellement axée sur la réponse à deux problématiques :

Extension de SPEM pour supporter la simulation stochastique et ainsi gérer l'ordonnancement des activités spécifiquement pour le contexte d'un projet donné.

Définition d'une stratégie d'analyse du processus au niveau de ses pratiques et son alignement avec la gestion du projet au niveau de la planification des ressources.

L'approche de simulation, intégrée à l'outil DSL4SPM, utilise une méthode probabiliste pour supporter l'analyse du risque[19] lié à la variable durée de réalisation. Elle permet de rendre compte de l'incertitude[20] dans l'estimation de la durée de réalisation de chaque tâche du processus en utilisant, en entrée, un ensemble de valeurs selon des distributions prédéfinies (PERT, triangulaire et uniforme). Les résultats préliminaires démontrent le potentiel d'une telle approche probabiliste, notamment pour l'analyse de la sensibilité et de la criticité de chaque tâche du MP.

---

[19] Le terme risque est pris comme synonyme de variabilité.

[20] On note dans la littérature la différence entre les termes « variabilité » et « incertitude ». La variabilité peut être représentée par une distribution de fréquence montrant la variation d'une caractéristique au fil du temps. L'incertitude peut être quantifiée comme une distribution de probabilité représentant la probabilité que l'inconnue se situe dans une plage donnée de valeurs. Nous utiliserons les deux mots au sens de l'incertitude.

160

L'estimation probabiliste qui fait l'objet de ce chapitre se fait en points, l'avantage d'utiliser des points réside dans le fait que c'est le rapport entre le temps réel et les points qui évolue ce qui rend l'échelle stable peu importe les autres variables (vélocité de l'équipe, complexité du projet, etc.). Aussi, il est connu que la productivité est un facteur très complexe. Dans son ouvrage « Le mythe de l'homme-mois » (Brooks, 1975), Brooks soulève plusieurs problèmes dont notamment le rapport effort vs temps.

5.1 Mise en contexte

Depuis plusieurs décades, les organisations de développement logiciel sont confrontées aux problèmes de débordement de la planification, dépassement des coûts et faiblesse de la qualité du produit final (Boehm, 1991). Bien que la planification d'un projet logiciel soit étroitement liée au processus utilisé, la modélisation des processus, basée sur le standard SPEM, ne considère pas les préoccupations temporelles.

Plusieurs domaines (ex. finance, transport, avionique, militaire, etc.) adoptent la simulation comme moyen d'une part, pour améliorer leur efficacité organisationnelle et, d'autre part, pour mieux appréhender les risques (Kellner *et al.*, 1999; Raffo et Kellner, 2000; Chiang et Menzies, 2002; Barros *et al.*, 2004). Or, la simulation des processus « SPSM »[21] (Abdel-Hamid et Madnick, 1991) se trouve être un domaine séparé de celui de la modélisation des processus « SPM »[22] (OMG:SPEM, 2008) dans le sens où chaque domaine utilise son propre modèle représentant une abstraction spécifique du processus

---

[21] SPSM : Software Process Simulation and Modeling. C'est un domaine de recherche dédié à la simulation.
[22] SPM : Software Process Modeling. C'est le domaine de recherche dédié à la modélisation des processus.

réel. Nous croyons qu'il serait intéressant d'expérimenter un mécanisme d'intégration des modèles issus des domaines SPM et SPSM. Ce besoin a été soulevé par nombre de chercheurs (Pfahl et Lebsanft, 1999; Seunghun *et al.*, 2008). Cette intégration est bénéfique aussi bien pour des initiatives d'amélioration de processus (SPI) que pour celles de gestion des risques.

La nouvelle perspective que nous proposons étend la modélisation descriptive des processus, basée sur SPEM, avec une approche de simulation stochastique visant à : *1)* évaluer le risque en utilisant une approche probabiliste ; *2)* réduire l'écart entre les modèles des trois communautés : modélisation des processus, simulation de processus et gestion de projet ; et *3)* permettre des expérimentations et analyses de type « *What-if* » qui peuvent anticiper l'impact des changements sur la planification du projet. L'approche proposée traite l'incertitude de la durée des tâches du processus, et ce, selon des distributions prédéfinies (ex. uniforme, PERT, triangulaire). À chaque itération de la simulation, le système génère une valeur pour chaque tâche, calcule le chemin critique du MP et analyse la sensibilité de toutes les tâches.

Cette extension vise la réponse à la question suivante : comment dériver automatiquement un MP simulable, à partir d'un MP descriptif basé sur SPEM, dans le but de supporter l'analyse des risques liés à l'ordonnancement des tâches d'un projet donné ? En effet, les activités d'un projet logiciel sont spécifiques comparativement à d'autres projets de génie notamment pour l'aspect validation des résultats :

Les tâches du processus ne sont pas décrites de façon précise, par conséquent, leur réalisation nécessite un niveau de créativité important sur le plan opérationnel ;

Certaines tâches nécessitent un apprentissage préalable avant leur réalisation. Le temps et l'effort d'apprentissage dépendent des caractéristiques de l'humain qui doit réaliser ces tâches ;

La majorité des tâches nécessitent une rétroaction (ex. révision, acceptation, etc.) pour des fins de validation ;

Les dépendances entre les tâches ne sont pas définies de façon rigoureuse. Dans ce contexte, l'ordonnancement des tâches qui est défini par la description du processus s'avère insuffisant pour comprendre la profondeur des liens.

Toutes ces caractéristiques spécifiques aux projets logiciels favorisent le choix d'une approche d'estimation probabiliste par rapport aux modèles paramétriques (ex. COCOMO II) (Chulani *et al.*, 1999). Afin de répondre à notre problématique de recherche liée à la simulation, nous partons de l'hypothèse qu'il est possible d'ajouter des attributs spécifiques à l'élément SPEM « tâche » et au connecteur « Tâche-à-Tâche » dans le but de simuler le temps d'exécution du processus dans le cadre d'un projet donné. Il est ainsi possible d'appliquer sur ce modèle étendu une méthode Monte-Carlo qui tient compte de l'incertitude des valeurs des attributs ajoutés.

Ainsi, cette nouvelle perspective de simulation d'un MP, à l'origine descriptive, pourrait offrir un potentiel d'amélioration de la qualité des processus et évaluer des alternatives de changement avant leur mise en œuvre. La section suivante détaille les motivations et objectifs de cette perspective.

5.2 Motivations et buts

La perspective de simulation proposée est motivée par les buts suivants (Kerzazi, 2010) :

• Réduire les risques liés aux changements de l'un des paramètres qui définissent le contexte spécifique du projet :

Les projets de développement logiciel peuvent être très risqués, particulièrement les grands projets. Le nombre de projets échoués surpasse celui des projets réussis. Selon le Standish Group[23] (Standish-Group, 2004), seulement 29% de tous les projets informatiques ont réussi (livré à temps, dans le cadre du budget et avec les fonctionnalités spécifiées), alors que 53% ont réussi avec difficulté (débordement de la planification ou des coûts), et 18% ont échoué (projets morts nés ou jamais utilisés). Les risques tiennent, souvent, au fait qu'il s'agit d'un travail humain. Dans ce sens, il y a beaucoup d'incertitude quant à la planification des activités souvent qualifiées de créatives. Estimer une durée de réalisation et faire varier cette estimation selon une loi de probabilité permet non seulement d'identifier l'impact sur la planification globale du projet, mais aussi de mesurer la sensibilité (en %) d'une tâche par rapport à l'ensemble du processus.

• Contribuer à l'amélioration des processus (c.-à-d. initiatives SPI) :

Les initiatives d'amélioration d'un processus dans un environnement réel sont longues et couteuses (Kautz et Nielsen, 2000; Staples *et al.*, 2007; Pino *et al.*, 2008). La simulation peut contribuer à visualiser les bienfaits des initiatives de changement avant leurs déploiements.

• Analyses et expérimentations de type « *What-if* » :

---

[23] Le Standish Group est un organisme de recherche qui tient à jour une grande base de données empirique sur les projets informatiques. Réputé pour son rapport « Chaos », il publie chaque année un rapport sur l'état des réussites des projets informatiques.

Les tests des alternatives d'amélioration avec les expériences de type *"What-if"* simulent des changements dans le processus dans le but d'analyser leur impact. À titre d'exemple, qu'est-ce qui se passe si l'activité de spécification prend deux fois plus de temps que prévu ? Une réponse quantitative et probabiliste peut supporter les décisions d'amélioration spécifiquement concernant la modélisation du processus et la planification globale du projet (sur le plan ingénierie) avant sa mise en pratique effective dans l'organisation (Kellner, *et al.*, 1999). Ainsi, le concepteur du processus ou le gestionnaire du projet peut identifier les facteurs qui ont un impact direct sur le temps d'exécution des tâches du processus (au sens réalisation du produit). En outre, Elmaghraby examine, en détail, l'insuffisance de l'utilisation des moyennes en planification de projet (Elmaghraby, 2005) et propose l'utilisation de la simulation Monte-Carlo pour gérer la variabilité dans l'estimation des coûts.

• Réduire les coûts, le temps et la formation liés au développement d'un modèle spécifique :

La réutilisation du modèle descriptif du processus évite la création d'un modèle dédié à la simulation ce qui permet de réduire les coûts et le temps nécessaires au développement de nouveau modèle (Jian *et al.*, 2009). En effet, le développement de deux modèles l'un pour la modélisation et l'autre pour la simulation implique des ressources supplémentaires (c.-à-d. temps, coûts et expertises) (Pfahl et Ruhe, 2002; Seunghun, *et al.*, 2008). Par conséquent, les organisations ne peuvent profiter pleinement des avantages de la simulation.

En outre, il s'agit aussi de diminuer la complexité des modèles de simulation, et ce, en faisant abstraction des connaissances et de l'expérience requises pour développer un modèle simulable.

Toutes ces motivations nous laissent croire qu'il y a du potentiel à proposer une perspective de simulation basée sur la modélisation, conforme à SPEM, des processus. Toutefois, l'objectif de la simulation stochastique est l'évaluation des risques de l'impact du changement et ne prétend pas être un processus générique de l'estimation, pas plus qu'un substitut aux modèles actuels de l'estimation du temps et de l'effort pour la production du logiciel.

5.3 Méthode probabiliste : Monte-Carlo

La méthode Monte-Carlo est une technique mathématique informatisée permettant l'analyse quantitative des risques pour supporter l'aide à la décision (Metropolis et Ulam, 1949). Cette technique est basée sur la génération automatique de valeurs (aléatoires) selon des lois de probabilité pour simuler des données liées aux variables d'entrée qualifiées d'incertaines. Depuis son utilisation dans des projets critiques dans les années 1940 (ex. projet de la bombe nucléaire), la méthode Monte-Carlo a suscité beaucoup d'intérêt notamment pour sa puissance de calcul dans le domaine de la gestion des risques. Toutefois, l'efficacité de cette méthode dépend de son paramétrage. Dans ce sens, un nombre[24] de simulations (i.e., itérations) suffisant doit être considéré pour bien caractériser la fonction de distribution de la variable simulée.

---

[24] Au-delà d'un certain nombre de répétitions (i.e., itérations), la variance sur l'espérance mathématique de la variable simulée devient presque nulle.

Généralement, l'utilisation de Monte-Carlo suit les cinq étapes décrites dans la Figure 5.1.

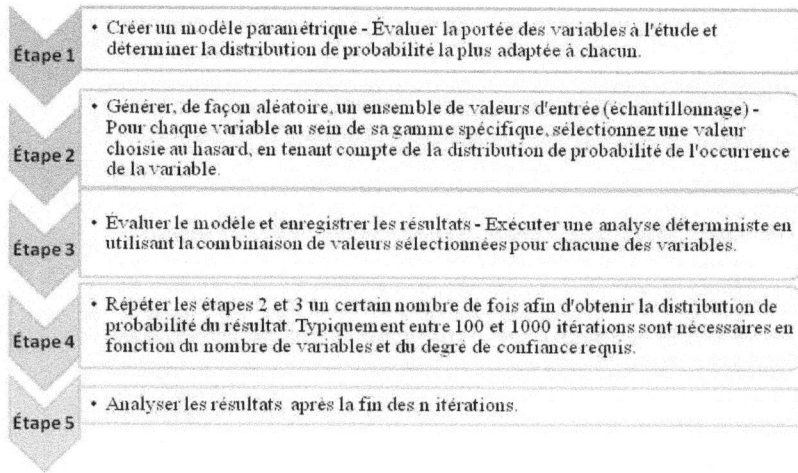

| Étape 1 | • Créer un modèle paramétrique - Évaluer la portée des variables à l'étude et déterminer la distribution de probabilité la plus adaptée à chacun. |

| Étape 2 | • Générer, de façon aléatoire, un ensemble de valeurs d'entrée (échantillonnage) - Pour chaque variable au sein de sa gamme spécifique, sélectionnez une valeur choisie au hasard, en tenant compte de la distribution de probabilité de l'occurrence de la variable. |

| Étape 3 | • Évaluer le modèle et enregistrer les résultats - Exécuter une analyse déterministe en utilisant la combinaison de valeurs sélectionnées pour chacune des variables. |

| Étape 4 | • Répéter les étapes 2 et 3 un certain nombre de fois afin d'obtenir la distribution de probabilité du résultat. Typiquement entre 100 et 1000 itérations sont nécessaires en fonction du nombre de variables et du degré de confiance requis. |

| Étape 5 | • Analyser les résultats après la fin des n itérations. |

Figure 5.1: Étapes de la simulation Monte-Carlo

L'avantage de l'utilisation d'une méthode Monte-Carlo est qu'avec un échantillon de données suffisamment grand, la méthode fournit une excellente approximation de la distribution en sortie.

5.4 Bases de l'approche d'extension

Cette section présente l'approche détaillée de simulation. Dans un premier temps, elle expose l'extension des éléments SPEM avec les attributs nécessaires. Ensuite, elle présente les trois lois de distribution utilisées pour l'échantillonnage des données. Finalement, elle illustre les méthodes de calcul du chemin critique (CC) pour le processus et du calcul et analyse de la sensibilité pour toutes les tâches du processus.

5.4.1 Extension des éléments SPEM

Pour gérer l'ordonnancement des tâches, le standard SPEM 2.0 définit un énumérateur nommé « *Work Sequence Kind* » pour représenter les différentes valeurs possibles. Cet attribut sert à connecter deux tâches en décrivant le type d'ordonnancement. Les quatre valeurs possibles sont représentées dans le Tableau 5.1.

Tableau 5.1: Les valeurs possibles de l'énumérateur « *Work Sequence Kind* »

Values	Description
FinishToStart	La tâche **(B)** ne peut démarrer qu'après la fin de la tâche **(A)**.
FinishToFinish	La tâche **(B)** ne peut finir qu'après la fin de la tâche **(A)**.
StartToStart	La tâche **(B)** ne peut démarrer que si la tâche **(A)** démarre.
StartToFinish	La tâche **(B)** ne peut pas finir avant que la tâche (A) ne soit démarrée. Ce point souligne une planification juste-à-temps.

L'extension de SPEM que nous proposons est basée sur les points suivants :

La liste ordonnée des tâches (Breakdown structure) est la structure qui représente l'ordonnancement des tâches ;

La valeur estimée de la durée pour la réalisation de chaque tâche ;

Les dépendances entre les tâches (ex. *FinishToStart*, *FinishToFinish*, *StartToStart*, *StartToFinish*) qui font partie de SPEM.

La Figure 5.2 illustre les attributs qui ont été ajoutés à l'élément tâche et au connecteur tâche-à-tâche. Pour l'élément tâche, les attributs suivants ont été ajoutés :

Valeur estimée de la durée pour la réalisation : la seule valeur que l'utilisateur doit indiquer. Les distributions probabilistes utilisent cette valeur comme repère pour l'échantillonnage.

Attributs opérationnels : *Criticality*, *early Finish*, *early Start*, *Late Finish*, *Late Start*, *Slack Free*, *Slack Total* et *Spearman rank correlation* . Ces attributs sont utilisés par le système pour garder en mémoire les données lors du passage d'une itération de simulation à une autre.

Pour le connecteur tâche-à-tâche, les attributs suivants ont été ajoutés :

- *Delay* : pour exprimer le temps de latence entre deux tâches.

- *Iscritical* : utilisé par le système pour garder en mémoire l'information indiquant si ce segment fait partie du chemin critique (CC) du processus ou non.

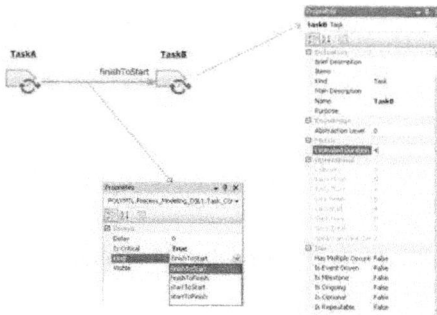

Figure 5.2: Extension des attributs de l'élément tâche et du connecteur

L'utilisation de ces nouveaux attributs permet de construire une nouvelle perspective pour la simulation stochastique sur la base de la perspective orientée-Activité. Cette perspective permet de mesurer, avec une approche probabiliste l'impacte de la durée de chaque tâche sur le processus entier, et ce, en termes de temps. Aussi, elle permet de réaliser des expérimentations de type « *What-if* » supportant l'exploration de certaines hypothèses.

169

5.4.2 Différentes distributions pour les données en entrée

L'échantillonnage est le processus par lequel les valeurs sont générées aléatoirement à partir des distributions de probabilité d'entrée. Dans DSL4SPM, la simulation Monte-Carlo implique n-fois le calcul du CC et de la corrélation entre la durée de la tâche générée automatiquement et la durée du projet calculée automatiquement. Chaque nouveau calcul constitue une itération de la simulation. Force est de signaler que c'est l'étape la plus importante de l'approche Monte-Carlo.

L'utilisateur commence par fixer les paramètres de la simulation, à savoir : *(i)* l'intervalle minimal et maximal en pourcentage relativement à la valeur estimée de la durée tel qu'illustré à la Figure 5.9 (formulaire (a)) ; *(ii)* une des lois de distribution des valeurs (triangulaire, PERT, uniforme) ; *(iii)* le nombre d'itérations ; *(vi)* un fichier de journalisation pour garder une trace de la simulation si nécessaire.

Par la suite, le système utilise la distribution, fixée lors de l'étape de paramétrage, pour générer des durées aléatoires. Le Tableau 5.2 présente la description et l'intérêt des trois lois de distribution que nous proposons :

Tableau 5.2: Présentation des trois lois de distribution proposées

Description de la distribution	*Allure de la courbe de données*
La Figure 5.3 illustre la forme de cette distribution ou les valeurs extrêmes (estimations inférieures et supérieures) sont moins susceptibles de se réaliser que la valeur moyenne. La possibilité que l'estimation puisse se réaliser est inversement proportionnelle à la distance entre l'estimation et la valeur moyenne. Cette distribution est recommandée pour des estimations dont l'incertitude est relativement petite.	 Figure 5.3: Distribution de valeurs avec une triangulaire
PERT -	
La Figure 5.4 illustre la forme de cette distribution ou les valeurs proches de la valeur attendue sont plus susceptibles de se réaliser (ex. quatre fois plus). Cette distribution est recommandée lorsque les estimations initiales sont considérées comme exactes.	 Figure 5.4: Distribution des valeurs avec PERT
Uniforme -	
La Figure 5.5 illustre la forme de cette distribution ou toutes les valeurs ont la même chance de se réaliser. L'utilisateur définit simplement le minimum et le maximum. Cette grande variation peut être utilisée pour les modèles dont les estimations sont très incertaines.	 Figure 5.5: Distribution uniforme des valeurs

171

Ces trois distributions représentent les cas pertinents permettant de faire face aux situations les plus générales. Pour améliorer la convergence de l'algorithme Monte-Carlo, nous avons besoin d'un nombre suffisant d'itérations et d'une bonne distribution des valeurs. L'idée est de privilégier les régions où la fonction possède des valeurs optimales. Ainsi, plutôt que de générer des nombres de façon aléatoire, on les génère selon une selon une certaine distribution.

5.4.3 Analyse du chemin critique

L'analyse du chemin critique (CC) est un algorithme mathématique qui permet d'analyser l'ordonnancement d'une séquence d'éléments afin de s'assurer d'une bonne planification (PMI, 2008). L'analyse du CC d'un processus se base notamment sur :

- la structure de répartition du travail, ce qui représente la subdivision (c.-à-d. séquence) de la tâche nécessaire à la réalisation du processus ;

- (b) La durée de réalisation de chaque tâche ;

- (c) Les dépendances entre les tâches telles que définit dans le standard SPEM.

Le CC du processus est calculé en additionnant la durée de tous les chemins de la séquence actuelle des tâches telle que modélisée par l'utilisateur. Le but n'est pas de trouver la meilleure organisation possible pour qu'un projet soit terminé dans les meilleurs délais, mais d'identifier les risques d'un débordement de planification. La procédure est la suivante : en commençant par les tâches au début du processus (c'est à dire sans tâches précédentes), on identifie pour chaque tâche la « le début le plus tôt » qui indique la date à laquelle la tâche pourra être commencée au plus tôt, en tenant compte du temps nécessaire à l'exécution des tâches précédentes. Ensuite, on identifie la « date au plus tard ». Il s'agit de la date à laquelle une tâche doit être absolument terminée si l'on veut éviter un retard sur l'ensemble du projet. La dernière information à ajouter consiste à suivre tous les connecteurs tâche-à-tâche et ajouter le temps de latence entre la fin de la précédente tâche et le début de la suivante. La Figure 5.6 illustre un exemple de calcul du CC pour une séquence de cinq tâches (T1...., T5).

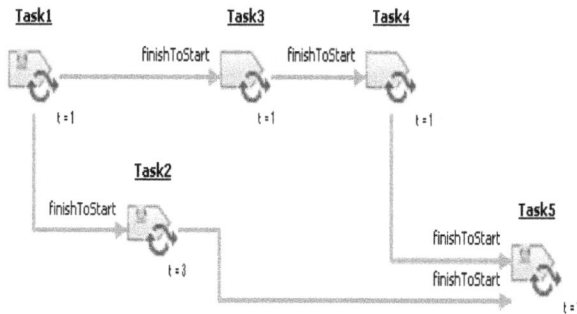

Figure 5.6: Illustration pour le calcul du chemin critique

Dans cet exemple les durées sont respectivement : (1,3, 1, 1, 1) en points. Le chemin critique de cette séquence de tâche est : *T1 (1) -> T2 (4) -> T5 (5)*. On note que le système ajoute un décorateur bleu pour souligner qu'une tâche fait partie du CC du processus.

5.4.4 Analyse de la sensibilité

L'analyse de sensibilité vise à identifier les éléments influents vis-à-vis de la variable simulée d'un modèle. Dans ce sens, notre objectif est d'étudier l'effet des variations de la durée d'une tâche donnée sur la durée globale du processus[25] (projet). Fondamentalement, seuls les changements défavorables sont considérés dans l'analyse de sensibilité, mais on peut aussi être intéressé par l'impact des changements positifs. Les avantages de l'analyse de la sensibilité sont :

- aider à identifier les tâches clés qui influent sur la durée du projet. Pour améliorer l'indice de criticité, une corrélation entre la durée estimée de la tâche et la durée du projet pourrait indiquer le pourcentage de l'impact d'une tâche donnée sur la durée totale du chemin critique ;

- étudier les conséquences du débordement des tâches essentielles du MP ;

- évaluer si la planification du projet est susceptible d'être affectée par les changements dans les tâches.

Dans ce contexte, nous avons utilisé le coefficient de corrélation de Spearman, qui se base sur les rangs et non les valeurs des variables, pour calculer le facteur de corrélation entre la durée de chaque tâche et la durée du processus. La méthode calcule une valeur pour chaque distribution. La position doit être un entier, où 1 représente le nombre le plus faible de l'échantillon et l'infini représente le plus grand nombre. La formule suivante est utilisée pour le calcul du coefficient :

$$\rho = 1 - \frac{6 \sum d_i^2}{n(n^2 - 1)} \qquad (5)$$

Avec d_i la différence de classement de l'IIème élément de l'échantillon

---

[25] Dans le contexte de simulation, les mots processus et projets prennent le même sens. La durée d'un projet est égale à la durée du processus utilisé. Toutefois, nous maintenons les deux points de vue : *modélisation* du processus et *planification* de projet.

Où ρ est le coefficient de corrélation de Spearman, **n** est le nombre de valeurs dans chaque ensemble de données et $\mathbf{d_i}$ la différence de classement de l'IIème élément de l'échantillon. Noter que cette méthode utilise les rangs au lieu des données estimées pour les raisons suivantes :

- Les variables sont ordinales ;
- Les valeurs en elles-mêmes ne sont pas importantes ;
- Les valeurs ne suivent pas une loi normale.

5.5 Mise en œuvre

Concrètement la Figure 5.7 illustre l'organigramme de l'approche de simulation pour le calcul de la criticité et de la sensibilité. L'approche commence par la définition des paramètres de simulation, à savoir : la loi de distribution pour l'échantillonnage des valeurs en entrée, le nombre de simulations (i.e., le nombre de simulations que le système doit réaliser pour s'assurer de la consistance des résultats) et le nombre d'itérations pour chaque simulation (i.e., le nombre de fois, par simulation, que le système génère des valeurs). Ensuite, pour chaque itération, le système génère une valeur aléatoire, selon la distribution prédéfinie, pour chaque tâche du processus et calcule le nouveau chemin critique. Ensuite, le système calcule l'indice de criticité et celui de la sensibilité à partir des calculs précédents. Enfin, le système arrête le calcul : *(i)* soit en identifiant une convergence dans le cas où les résultats des calculs ne changent pas de façon significative ; *(ii)* soit après l'exécution du nombre d'itérations demandées.

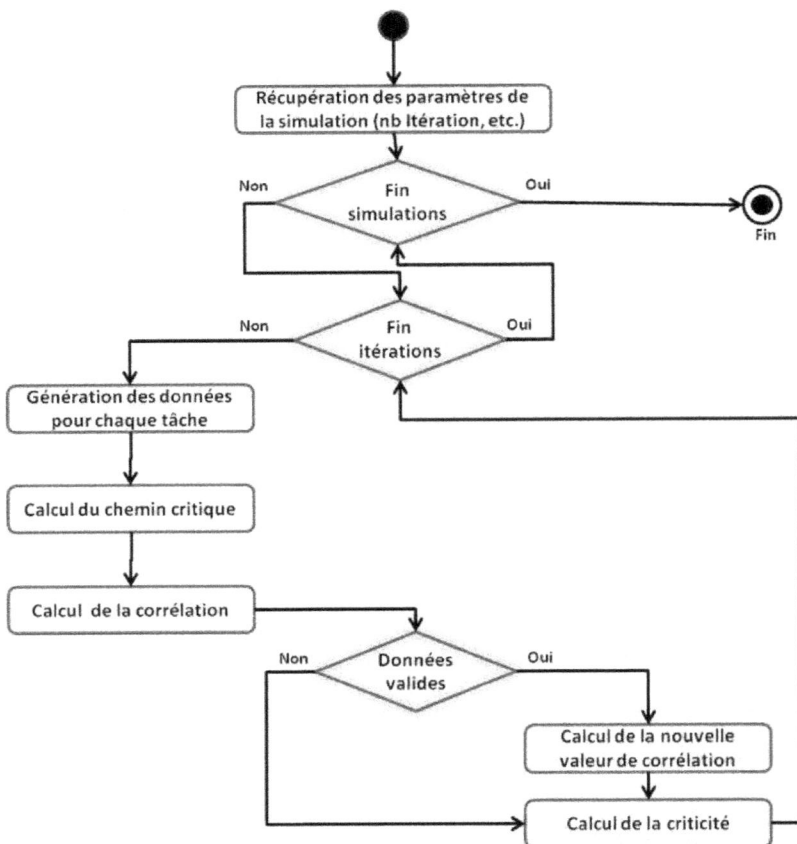

Figure 5.7: Organigramme de l'approche de simulation avec Monte-Carlo

Pour la mise en œuvre de la simulation Monte-Carlo, nous avons adopté une implémentation sous forme de librairie (DLL) afin de privilégier la réutilisation de cette approche pour d'autres variables futures. La Figure 5.8 présente le diagramme de classe de l'implémentation de cette DLL.

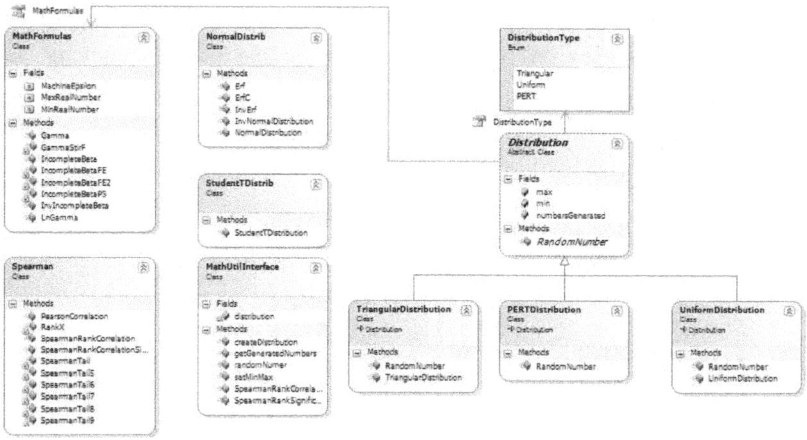

Figure 5.8: Modèle conceptuel de la méthode Monte-Carlo

Comme on peut le constater, la conception de cette librairie favorise aussi bien la réutilisation du code que sa maintenabilité, notamment pour l'ajout de nouvelles distributions. Ainsi, et à titre d'exemple, il sera possible avec l'architecture de cette librairie de la réutiliser pour la simulation des flux de connaissances. Le détail de ce projet futur dépasse le cadre de ce mémoire.

5.6 Résultats expérimentaux

Cette section traite un exemple simple qui illustre l'approche et présente les résultats expérimentaux. Nous avons retenu un sous-ensemble de six tâches dérivé du processus OpenUp. La criticité et le coefficient de corrélation ont été calculés avec les paramètres du Tableau 5.3.

Pour la distribution triangulaire, nous avons privilégié les dépassements des délais, ce qui reflète la réalité de la plupart des projets logiciels. Aussi, pour nous assurer d'une bonne cohérence des résultats, nous avons fixé le nombre de simulations à cinq (5), et chaque simulation génère 1000 valeurs pour

177

chaque tâche du processus. Pour ce qui est de la distribution PERT, nous avons élagué les deux 5% de chaque extrémité qui peuvent contenir des valeurs trop extrêmes. Alors qu'avec la distribution uniforme toutes les valeurs ont la même chance de se réaliser par définition.

Tableau 5.3: Paramètres des distributions

Paramètres	Distributions		
	Triangulaire	PERT	Uniform
Min	-5 %	-5 %	*
Max	+20 %	+5 %	*
Nb de simulations	5	5	5
Nb d'itérations	1000	1000	1000

La Figure 5.9 illustre la configuration et le résultat de la simulation : *(a)* le formulaire de configuration de la simulation ; *(b)* le résultat de la simulation Monte-Carlo et *(c)* le graphe de distribution des données d'entrée pour la simulation.

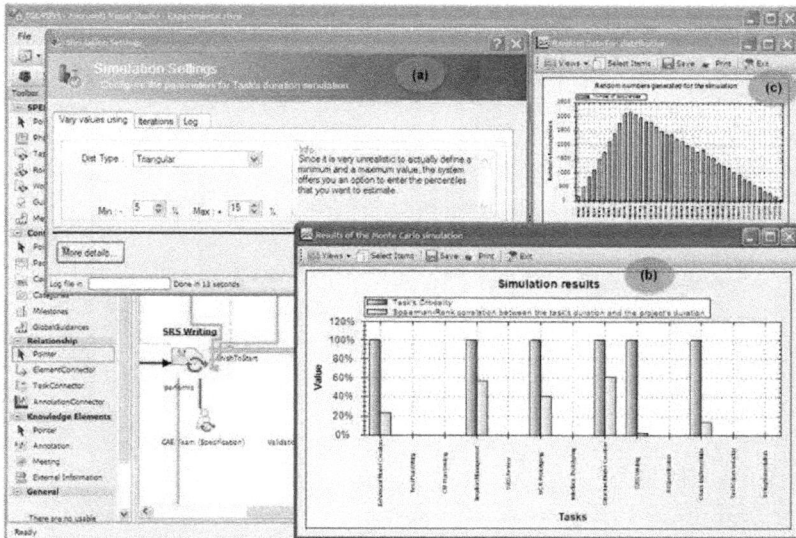

Figure 5.9: Illustration du résultat de la simulation

Ces trois distributions représentent les cas les plus pertinents auxquels font face les gestionnaires de processus lors de l'estimation. La Figure 5.10 présente les résultats de la simulation de Monte-Carlo à partir de l'outil DSL4SPM.

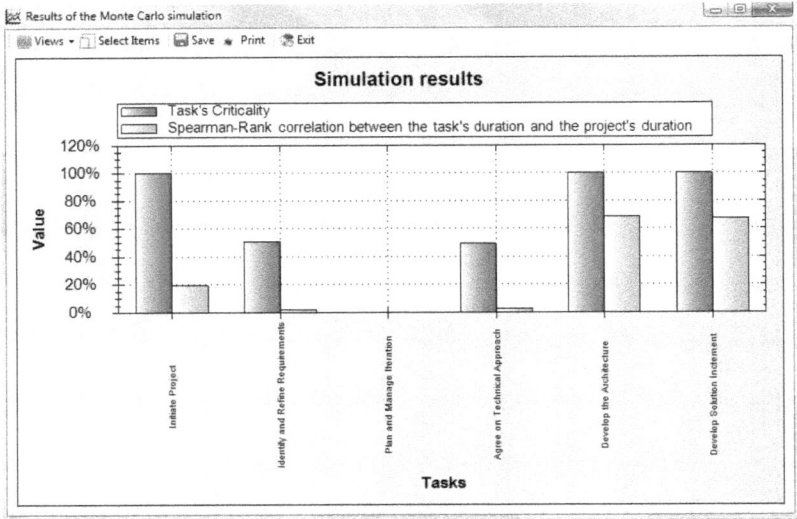

Figure 5.10: Résultat de la simulation Monte-Carlo pour le processus exemple

La colonne rouge de la Figure 5.10 indique le niveau de criticité, tandis que la colonne jaune indique le coefficient de corrélation entre la durée de chaque tâche de la durée globale du chemin critique (CC) (c.-à-d. la durée du processus ou du projet), ce qui signifie le taux de l'impact d'une tâche donnée sur la durée du projet.

Premièrement, comme nous pouvons le constater, les tâches « *Initiate Project* », « *Develop the Architecture* » et « *Develop Solution Increment* » ont un niveau de criticité égal à 100%. S'appuyer sur cette information graphique permet à l'équipe de gestion du processus de se rendre compte si la stratégie de pilotage du projet est bien respectée.

Alors que les tâches « *Identify and Refine Requirements* » et « *Agree on Technical Approach* » sont critiques à environ 50%, la tâche « *Plan and Manage Iteration* » n'est pas critique et ne fait pas partie du CC. En d'autres termes, cette tâche n'affectera pas la durée du projet. En outre, l'information avec un pourcentage d'impact est plus intéressante qu'une réponse de type vrai/faux, dans le sens où elle permet une meilleure évaluation de la probabilité d'impact.

Deuxièmement, la colonne jaune indique que la tâche « *Initiate Project* » à une probabilité de 20% de modifier la durée du projet en dépit de sa très haute criticité. Les tâches « *Identify and Refine Requirements* » et « *Agree on Technical Approach* » ont seulement presque 2% de probabilité d'influencer la durée totale du projet. Cela signifie que la variation de la durée de l'une de ces tâches présente le plus faible impact sur la durée totale du projet. Alors que les tâches « *Develop the Architecture* » et « *Develop Solution Increment* » présentent 67% de corrélation. Ceci indique que si une de ces tâches prend plus ou moins de temps que prévu, alors l'estimation de la durée totale du projet doit être révisée.

Les informations communiquées par le tableau de bord de la Figure A- 1 sont utiles dans le sens où elles permettent une meilleure identification des tâches critiques, ce qui pourrait améliorer l'évaluation des risques pour les variables incertaines. Le Tableau 5.4 présente une comparaison entre les données de l'estimation déterministe et celle probabiliste. À titre d'exemple, la tâche nommée « *Initiate Project* » fait partie du chemin critique, elle a été estimée initialement à 5 points. La simulation avec une distribution triangulaire indique une probabilité de criticité de 100% avec une sensibilité de 10 % comme probabilité d'impact sur l'estimation globale du projet. Les distributions PERT et Uniforme indiquent une légère variation de la sensibilité (12%). La variation n'est pas significative dans ce cas de figure par ce que l'échantillon de données pour la simulation est très grand (1000*5) d'où la convergence des trois distributions.

Tableau 5.4: Comparaison des données de l'approche déterministe vs probabiliste

Tâches	Fait partie du Chemin critique	estimation initiale (points)	Distributions					
			Triangulaire		PERT		Uniforme	
			Crit %	Sens%	Crit %	Sens%	Crit %	Sens %
Initiate Project	Yes	5	100	10	100	12	100	12
Identify and Refine Requirements	No	5	49	2.5	49	0	49	2.5
Plan and Manage Iteration	Yes	5	0	0	0	0	0	0
Agree on Technical Approach	Yes	5	50	0	50	10	50	4
Develop the Architecture	Yes	20	100	41	100	41	100	41
Develop Solution Increment	Yes	40	100	87	100	87	100	87

5.7 Cas d'étude pour une expérimentation de type « *What-if* »

Cette section présente l'analyse d'un cas d'expérimentation « *What-if* » sur un processus. Le but est de mettre en évidence les bénéfices de la simulation Monte-Carlo, notamment pour l'analyse de criticité et de la sensibilité des tâches du processus en termes de durée de réalisation. La Figure 5.11 présente le MP constitué de trois phases et six tâches. Nous avons ajouté à chaque tâche deux décorateurs qui vont nous aider à suivre l'évolution de l'état de la tâche : un numéro et une annotation avec la durée originale. À titre d'exemple, la tâche nommée « *Initiate project* » porte le numéro 1 et a été estimée à 5 points. Intentionnellement, dans la situation initiale, toutes les tâches font

182

partie du chemin critique (icône bleu sur la tâche), comme l'illustre la Figure
5.11.

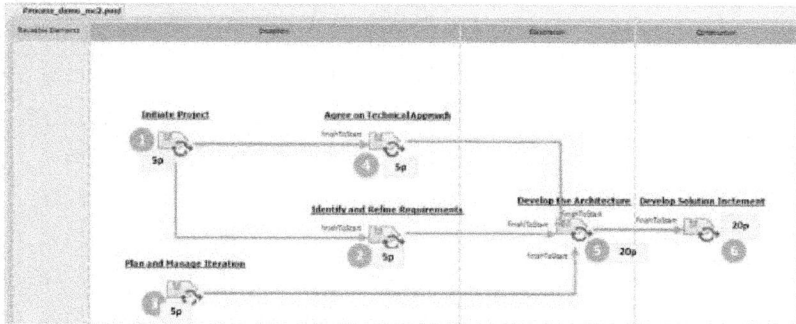

Figure 5.11: Description du processus pour l'expérimentation « *What-if* »

La suite présente **six scénarios** qui mettent en évidence *six situations
particulières* (ex. orientée architecture, orientée management, agile, problème
mal défini, etc.). Pour chaque situation, nous allons modifier la durée de
réalisation de quelques tâches, effectuer une simulation Monte-Carlo, et
analyser l'impact de cette modification sur le processus.

❖ *Scénario 1 :* (5, 5, 5, 5, 20, 20)

Le premier scénario traite la situation initiale qui servira de référence pour les
simulations suivantes. On note que l'effort est plus orienté vers l'architecture
et le développement (20) que vers la planification et la documentation (5). La
Figure 5.12 illustre le résultat de la simulation : les colonnes rouges
représentent la criticité de la tâche et les colonnes jaunes représentent la
sensibilité de la tâche par rapport au processus. À titre d'exemple, la première
tâche du processus nommée « *Initiate Project* » est critique à 100 % et
présente une influence 19 % sur la durée globale du processus. Alors que la

183

troisième tâche « *Plan and Manage Iteration* » n'est pas critique et n'influe en
aucun cas la durée globale du processus.

Valeurs (en points)	Distribution	Min, Max	Nb d'Itération	Chemin critique
5, 5, 5, 5, 20, 20	Triangulaire	5,20	1000	1-» 2-» 4-» 5-» 6

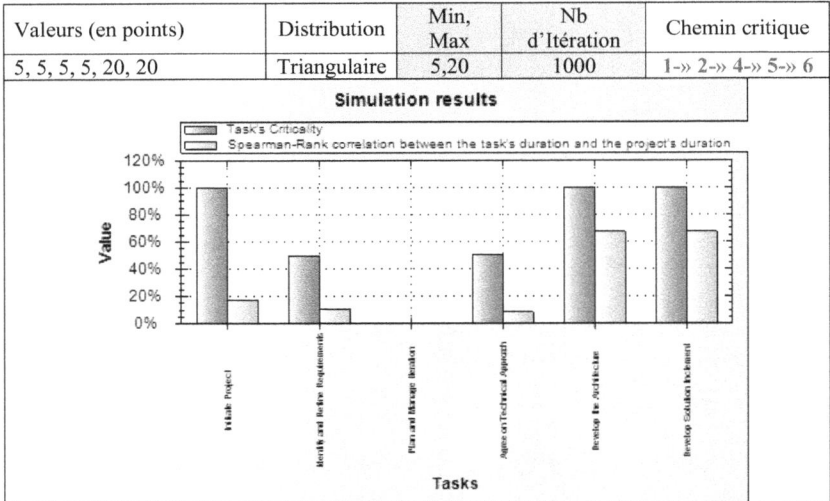

Figure 5.12: Scénario 1 (5,5,5,5,20,20) – Simulation Monte-Carlo

❖ *Scénario 2* : (5, 10, 5, 5, 20, 20)

Ce scénario simule une situation qui reflète une vision mal définie de la problématique du projet. Dans ce cas, le gestionnaire du projet prévoit que la tâche de spécification prendrait deux fois plus de points que l'estimation initiale (10 points au lieu de 5). La Figure 5.13 illustre les résultats de la simulation, on remarque clairement que le chemin critique a changé et que la tâche « *Identify and refine requirement* » devient critique à 100%, la tâche « *Agree on Technical Application* » n'est plus critique. On remarque aussi que la sensibilité (colonne jaune) a subi des changements. Par conséquent, le gestionnaire de projet doit ajuster toute la planification du projet et prendre de nouvelles dispositions.

Valeurs (en points)	Distribution	Min, Max	Nb d'Itération	Chemin critique
5, 10, 5, 5, 20, 20	Triangulaire	5,20	1000	1-» 2-» 5-» 6

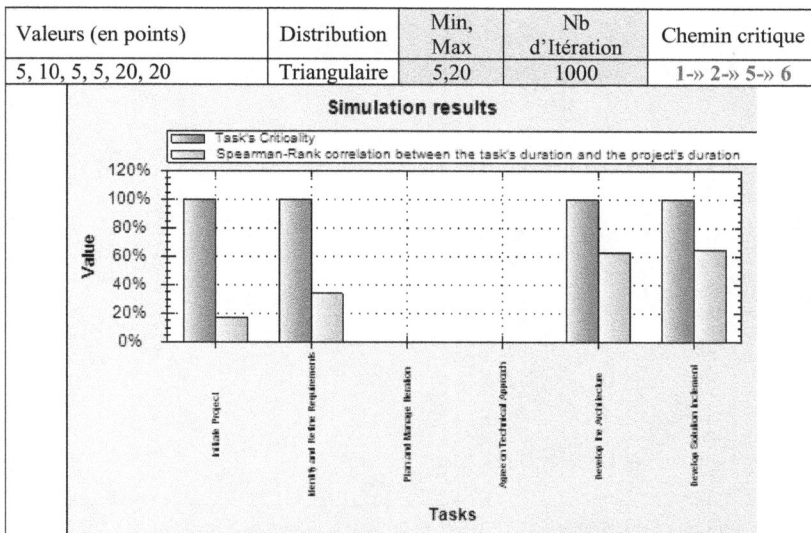

Figure 5.13: Scénario 2 (5, 10, 5, 5, 20, 20) – Simulation Monte-Carlo

❖ *Scénario 3 :* (5, 10, 5, 5, 20, 40)

Dans ce cas, le gestionnaire de processus réajuste l'activité d'implémentation en doublant le nombre de points (40). Il justifie la modification par la complexité potentielle à éliciter les requis du produit à développer. La Figure 5.14 démontre que la tâche « *Develop the architecture* » a moins d'impact sur la durée du projet, alors que la tâche « *Develop solution increment* » a subi un important changement dans la sensibilité (de 62% à 82%). Dans ce sens, cette tâche a plus d'impact sur la durée totale du projet. C'est le cas type d'une approche de développement agile par laquelle les praticiens sont d'avis que l'architecture émerge avec l'évolution du code et ne doit pas être élaborée complètement dans la phase de conception.

Valeurs (en points)	Distribution	Min, Max	Nb d'Itération	Chemin critique
5, 10, 5, 5, 20, 40	Triangulaire	5,20	1000	1-» 2-» 5-» 6

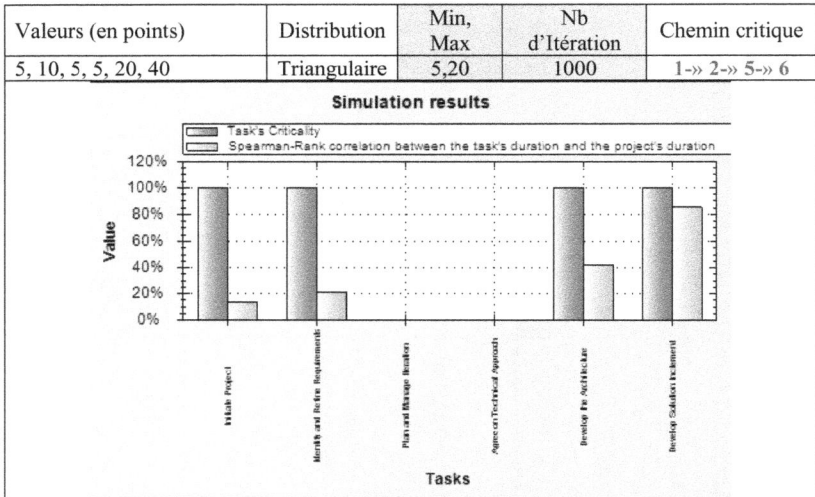

Figure 5.14: Scénario 3 (5,10, 5, 5, 20, 40) – Simulation Monte-Carlo

❖ *Scénario 4* : (5, 5, 2, 5, 100, 20)

Dans ce cas, nous avons un scénario de développement orienté conception. Cinq fois plus de points sont alloués à la conception (100) qu'à l'implémentation (20). La Figure 5.15 démontre que même si les deux tâches de début sont critiques à 100%, leurs sensibilités est inférieur à 5%. Par conséquent, elles n'ont aucun impact sur la durée totale du processus. En outre, en peut remarquer clairement qu'on est dans une approche de développement guidée par l'architecture. La tâche de conception est au cœur du projet.

Valeurs (en points)	Distribution	Min, Max	Nb d'Itération	Chemin critique
5, 5, 2, 5, 100, 20	Triangulaire	5,20	1000	1-» 2-» 5-» 6

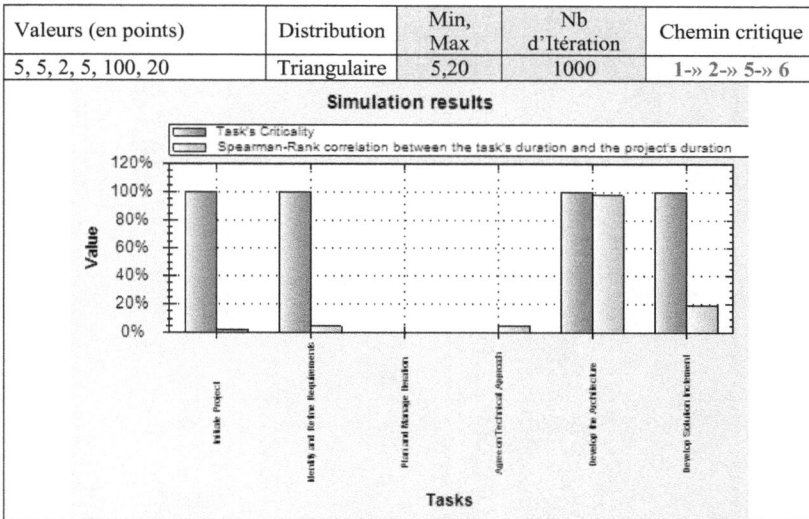

Figure 5.15: Scénario 4 (5, 5, 2, 5, 100, 20) – Simulation Monte-Carlo

❖ *Scénario 5* : (2, 5,10, 5, 20, 20)

Dans ce cas, nous avons un scénario où l'accent est mis sur la planification (10). C'est le cas d'un puriste de la gestion qui pense que la planification et le management sont très importants comparativement à la réalisation. La Figure 5.16 illustre le changement du chemin critique qui se déplace vers la planification, architecture et implémentation.

Valeurs (en points)	Distribution	Min, Max	Nb d'Itération	Chemin critique
2, 5, 10, 5, 20, 20	Triangulaire	5,20	1000	3-» 5-» 6

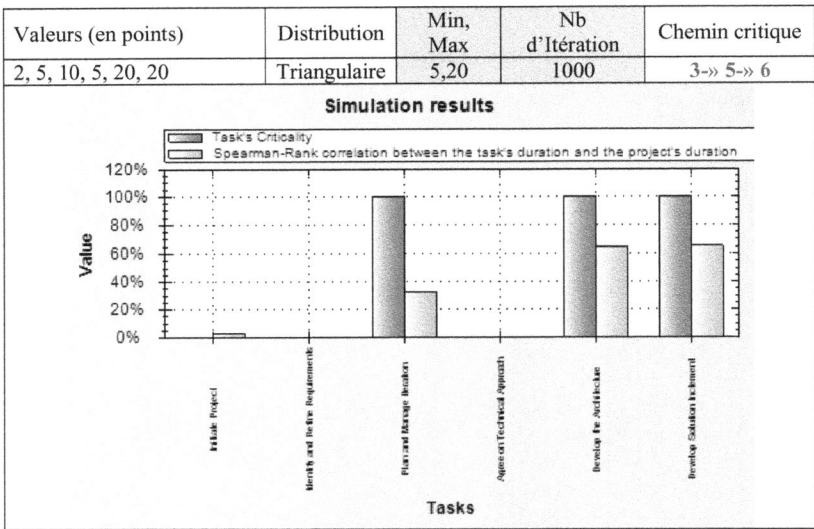

Figure 5.16: Scénario 5 (2, 5,10, 5, 20, 20) – Simulation Monte-Carlo

❖ *Scénario 6 :* (5, 5,10, 5, 20, 20)

Dans ce scénario, toutes les tâches sont plus ou moins critiques comparativement au scénario précédent. On note un certain balancement de la criticité selon vue pessimiste.

Valeurs (en points)	Distribution	Min, Max	Nb d'Itération	Chemin critique
5, 5, 10, 5, 20, 20	Triangulaire	5,20	1000	1-» 2-» 3-» 5-» 6

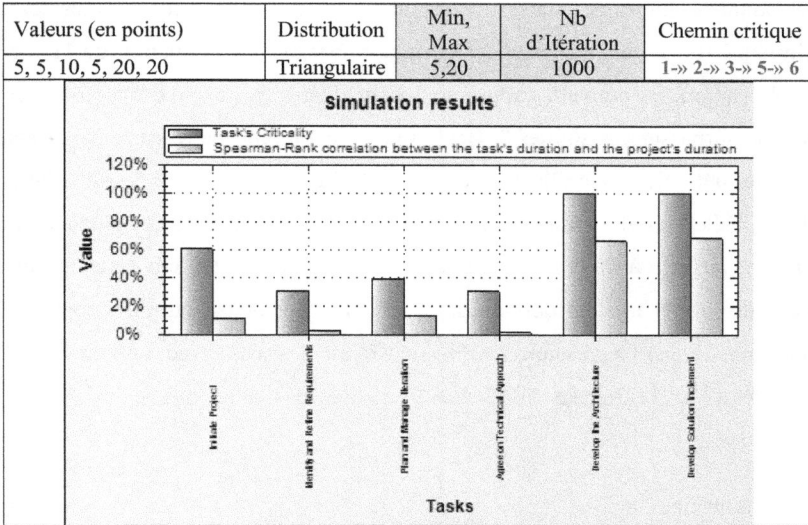

Figure 5.17: Scénario 6 (5,5,10,5,20,20) – Simulation Monte-Carlo

Comme on peut le contraster sur ce cas d'étude, les expérimentations « *What-if* » offrent un potentiel d'analyse très intéressant. En effet, il est possible de tester des scénarios de planification qui supportent une prise de décision stratégique. Dans ce sens, il est possible de valider l'efficacité, dans le sens stochastique, par simulation, d'une approche de conduite de projet (ex. piloté par l'architecture, piloté par les tests, etc.).

5.8 Discussion

Généralement, l'estimation de la durée de réalisation de chaque tâche est calculée de façon déterministe en se basant sur des données empiriques. Toutefois, d'une part, la spécificité du travail créatif, et d'autre part, l'absence des données empiriques sur lesquelles on base l'estimation ont toutes les deux démontré les limites des modèles paramétriques pour l'estimation de l'effort de réalisation. De nouvelles approches probabilistes proposent des alternatives afin de surpasser ces limites[26]. Boehm et al. explorent les réseaux bayesiens comme méthode probabiliste avec des études a posteriori sur les estimations avec COCOMO II (Chulani, *et al.*, 1999). Sur les 161 projets étudiés, les auteurs arrivent à la conclusion qu'une estimation prédictive, avec une méthode probabiliste, donne de meilleurs résultats qu'une approche déterministe par régression (30 % sur 75 % des cas avec une approche bayésienne et seulement 30 % sur 52 % des cas avec une approche par régression).

5.8.1 Bénéfices

Malgré l'abondance dans la littérature des rapports de dépassement des délais et des coûts pour les projets logiciel, les organisations continuent à utiliser les techniques déterministes pour estimer la durée du projet. Elles se battent toujours pour quantifier les risques et incertitudes associés à leurs estimations. Cette discussion met l'accent sur la réponse à certaines questions clés relativement à l'utilisation de la perspective de simulation dans la modélisation des processus :

---

[26] Le but n'est pas de proposer une alternative à la défaillance des modèles analytiques pour l'estimation, mais d'utiliser des distributions de probabilité sur la base d'une évaluation de l'expert.

Comment personnaliser un MP pour le contexte d'un projet donné en respectant des contraintes de temps ? Quelle serait la probabilité pour que ce MP satisfasse ces contraintes ?

Il est possible d'ajuster le chemin critique d'un MP en réorganisant ou en réduisant le temps pour certaines tâches qui ont plus d'impact sur le chemin critique. Cela peut aider à réduire le caractère contraignant du processus.

Comment la simulation stochastique peut-elle réduire le risque d'un débordement de la planification du projet ?

Selon Boehm, la gestion des risques dans un projet de développement logiciel inclut deux étapes principales : l'évaluation des risques et leur contrôle (Boehm, 1991). L'évaluation des risques porte sur l'identification des risques, l'analyse et la hiérarchisation, tandis que le contrôle des risques traite la planification de la gestion des risques, la résolution et le suivi. Notre travail met l'accent sur l'évaluation des risques afin d'améliorer la gestion de l'incertitude de l'estimation dans un MP.

Quelle est la probabilité pour qu'une tâche donnée soit dans le chemin critique du processus ?

La réponse à cette question est déduite de l'analyse de la sensibilité des tâches. En effet, la sensibilité indique la probabilité que le changement de la durée d'une tâche ait un impact sur le processus en entier.

- *Quelles tâches ont une plus forte incidence sur la planification du projet ?*

Une réponse potentielle à cette question est fournie par le tableau de bord généré par le système qui indique la probabilité qu'un changement de la durée pour une tâche donnée puisse avoir un impact sur la durée globale du projet. Cette probabilité peut être utilisée pour prendre des décisions éclairées.

- *Est-ce qu'un MP personnalisé pour le contexte du projet à réaliser supporte l'équipe en respectant les contraintes ?*

Visant à rendre une décision plus réaliste, l'analyse de sensibilité informe l'équipe de gestion de projet qu'il existe plusieurs scénarios possibles. Toutefois, la variable de durée est traitée individuellement ce qui limite l'étendue à d'autres combinaisons de variables qui peuvent être évaluées.

5.8.2 Limites de la solution proposée

Nous avons proposé une perspective de simulation stochastique basée sur une seule variable qui est le temps estimé de la durée pour la réalisation des tâches du processus. Deux limites sont à considérer :

La première limite tient du fait de l'existence d'autres variables qui influence la durée de réalisation des tâches. Il faut explorer davantage le domaine de la simulation des processus, notamment « S*ystem Dynamics* » (Abdel-Hamid et Madnick, 1991) pour intégrer d'autres attributs dans le but de raffiner davantage le MP et, par conséquent, la simulation.

La deuxième limite tient du fait qu'on traite les tâches du processus avec une approche d'ordonnancement simpliste alors qu'il peut y avoir des liens de pondération plus profonds. Cette limite est plus évidente lors du calcul de la sensibilité d'une tâche par rapport au processus. L'exploration des réseaux bayésiens pourrait être une solution à cette limite en tenant compte des poids de chaque tâche par rapport aux tâches qui la succèdent. Cette piste de recherche ne présente aucun défi sur le plan technique, mais nécessite une grande base de données empirique pour définir les paramètres et leurs corrélations.

Par ailleurs, nous pensons que la validation des résultats de la simulation par comparaison avec des tests de référence (Benchmark) est suffisante. Cependant, il est toujours intéressant de valider cette approche dans un milieu industriel. La justification de notre choix est le coût lié à une validation industrielle. En effet, il faut démarrer les tests avant le démarrage du projet et faire un suivi des mesures jusqu'à la fin du projet.

5.8.3 Travaux apparentés

Visant à surmonter certaines des faiblesses des systèmes dynamiques (SD) pour la construction des modèles de simulation, (Pfahl et Lebsanft, 1999) ont discuté d'une approche qui complémente la modélisation SD avec la modélisation descriptive des processus. Ils ont aussi utilisé un modèle étendu pour étudier la planification et le contrôle au niveau projet. Dans notre projet de recherche, nous avons adopté le sens inverse, c.-à-d. enrichir le modèle descriptif des processus au lieu d'enrichir le modèle de simulation. La raison tient du fait qu'on se concentre sur la modélisation des processus et non sur leur simulation.

Introduisant la possibilité qu'un modèle de simulation puisse être automatiquement dérivé à partir d'un modèle descriptif du processus, (Jian *et al.*, 2009) ont proposé un nouveau langage de simulation nommée s-TRISO/ML. Ce langage est basé sur stochastique π-calculus et caractérisé par une description abstraite des activités du processus. Dans notre projet de recherche, nous avons utilisé l'outil qu'on a développé pour la modélisation des processus (DSL4SPM) avec une vision claire d'intégration ce qui n'est

193

pas le cas avec l'utilisation du π-calculus. Néanmoins, cette approche apparentée nous a permis de vérifier que notre approche est intéressante.

Revendiquant les coûts et les difficultés liés au développement d'un modèle dédié à la simulation, (Seung Hun *et al.*, 2008) ont proposé une approche pour dériver une spécification pour un système à base d'événements discrets à partir du modèle descriptif des activités du processus. L'approche proposée applique des règles de transformation. À la différence de notre approche qui se base sur le standard SPEM, les auteurs de ce travail ont privilégié une approche par événement.

5.9 Synthèse

Ce chapitre propose une nouvelle perspective qui étend la modélisation des processus logiciels. Cette extension traite principalement des risques liés à l'incertitude dans la planification des durées des tâches du MP et permet donc de soutenir la gestion. Ce genre de risque dans les projets logiciels est l'un des problèmes les plus fréquents rencontrés par les professionnels. La perspective proposée étend le modèle descriptif des processus logiciels pour supporter l'utilisation d'une approche de simulation basée sur la méthode Monte-Carlo avec les objectifs suivants : *1)* analyse de la criticité basée sur le calcul du chemin critique du MP, et *2)* analyse de la sensibilité de chaque tâche sur la durée globale du projet.

Nous avons, ainsi, pu illustrer la nécessité d'étendre la description des MP avec l'utilisation de la méthode Monte-Carlo lorsqu'une ou plusieurs tâches du processus présentent de l'incertitude quant à l'estimation de sa durée. Ce qui réduit considérablement l'écart entre la gestion du processus et la gestion du projet et par conséquent contribuera à produire des processus plus efficaces.

Par ailleurs, les travaux futurs porteront sur une variation de l'échantillonnage des données en entrée et l'analyse détaillée des traces de simulation dans le but d'optimiser le temps de convergence de l'algorithme. Aussi, une approche bayésienne sera explorée pour une autre variable complexe relative à la gestion des connaissances dans un MP.

CHAPITRE 6   ALIGNEMENT DU MODÈLE DE PROCESSUS AVEC CMMI

Ce chapitre décrit une nouvelle approche d'intégration explicite du corpus des pratiques CMMI dans la modélisation des processus. Aligner les activités du processus avec les composants CMMI (domaine de processus, objectifs génériques, pratique générique et pratiques spécifiques) permet non seulement d'évaluer le niveau de maturité des modèles de processus (MP), mais aussi d'expliciter l'intention de chaque activité. Au meilleur de nos connaissances, il n'existe pas de travaux de recherche dans le domaine de la modélisation des processus qui proposent cette intégration. Nous pensons que cette intégration est bénéfique notamment pour : *(i)* une meilleure évaluation des capacités du processus ; *(ii)* un meilleur alignement des activités du processus avec les lignes directrices de CMMI, et ce, pour des initiatives d'amélioration des MP ; *(iii)* la maximisation de la synergie entre les deux cadres : « *Software & Systems Process Engineering Meta-model* » (SPEM) et CMMI.

Cette perspective est particulièrement utile pour les organisations de petite à moyenne taille qui souhaitent améliorer leurs pratiques et leur efficacité organisationnelle afin d'atteindre leurs objectifs stratégiques[27]. Néanmoins, elle est aussi intéressante pour prendre en considération les préoccupations liées à la capacité et à la maturité d'une organisation. Cette perspective a été implémentée dans l'outil DSL4SPM et appliquée pour conduire une étude exploratoire.

---

[27] Un exemple des objectifs stratégiques pourrait être l'amélioration de la productivité ou de la qualité du produit final.

6.1 Mise en contexte

Le CMMI (*Capability Maturity Model Integration*) (SEI, 2006) pour le développement est un cadre qui décrit les bonnes pratiques, issues de l'industrie, relatives aux activités de développement et de maintenance appliquées aux produits logiciels (Chrissis *et al.*, 2008). Alors que la modélisation des processus vise la description de l'ordonnancement des activités pour la réalisation d'un produit logiciel, le CMMI v1.2 vise, quant à lui, la description des pratiques d'un processus. Dans ce sens, CMMI fournit les lignes directrices pour l'établissement d'un cadre de processus avec l'objectif de mesurer l'aptitude et la maturité d'une organisation à réaliser des produits logiciels.

S'appuyant sur le cadre CMMI, plusieurs grandes organisations (ex. département de la défense aux États-Unis) évaluent la maturité de leurs fournisseurs avant de les associer à la réalisation de leurs projets informatiques. Les organisations utilisent aussi ce cadre pour guider les initiatives d'amélioration de leurs processus.

Ainsi, un des principaux objectifs de CMMI est l'amélioration des processus de développement et de maintenance logiciel (Kautz et Nielsen, 2000; Baddoo et Hall, 2003). Cette amélioration vise essentiellement les petites à moyennes organisations qui constituent, selon Fayad, plus de 99,2% des organisations de développement logiciel (Fayad *et al.*, 2000).

La Figure 6.1 illustre la structure de CMMI. Deux représentations sont possibles pour le CMMI : continue et étagée. La représentation continue se concentre sur les niveaux d'aptitude (0 à 5) en focalisant sur les objectifs et les pratiques, alors que la représentation étagée se concentre sur les niveaux de maturité (1 à 5) en se focalisant sur les domaines de processus. Ces deux représentations ne changent rien au contenu du CMMI, elles sont utilisées pour supporter le déploiement de CMMI dans les organisations. Ainsi, pour les deux représentations, un niveau de maturité contient un ensemble de domaines de processus. Un domaine de processus est guidé par des objectifs génériques et autres spécifiques qui contiennent respectivement des pratiques génériques et spécifiques.

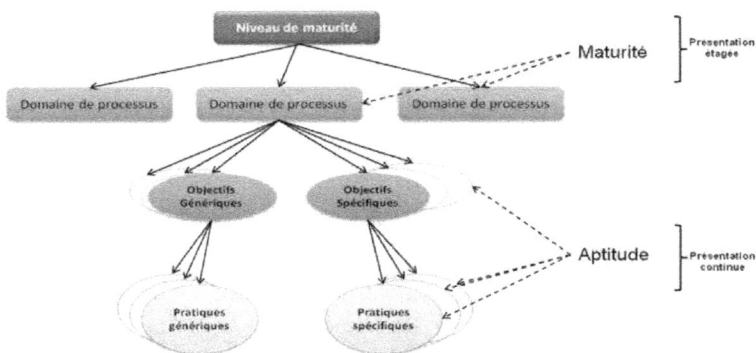

Figure 6.1: Structure de CMMI v1.2

Au-delà des niveaux de maturité sur lesquels se concentrent souvent les organisations, les capacités des processus permettent de mieux mesurer les aptitudes d'une organisation donnée. En d'autres mots, le fait d'afficher une maturité élevée n'indique pas une maturité élevée effective des pratiques. L'explication de ce constat tient du fait que le cadre de maturité n'examine pas en profondeur toutes les pratiques de l'organisation, il ne fait qu'évaluer la réalisation ou non de certaines pratiques. En plus de la classification continue et étagée, chaque domaine de processus est catégorisé pour mieux définir son contexte de réalisation. Le Tableau 6.1 résume cette catégorisation. Le lecteur est prié de se rapporter à l'**ANNEXE 5** pour la signification des sigles ou au document officiel de la SEI (SEI, 2006).

Tableau 6.1: Niveaux de maturité, domaine de processus et catégories associées

Catégories Niveaux	Gestion de projet	Ingénierie	Support	Gestion de processus
5- En optimisation			CAR	OID
4- Géré quantitativement	QPM			OPP
3- Ajusté	IPM	RD	DAR	OPF
	RSKM	TS	CM	OPD
	IT	PI		OT
		VER		RSKM
2- Discipliné	PP	REQM	MA	
	PMC		PPQA	
	SAM			
1- Initial				

6.2 Motivations et buts

Les organisations de développement logiciel dépensent beaucoup d'effort dans les initiatives d'amélioration de leur processus. Dans la majorité des cas, ces initiatives sont basées sur le cadre CMMI (Jiang *et al.*, 2004).

Quelques recherches ont déjà démontré que les efforts d'amélioration des processus (SPI) sont payants en termes de réduction des coûts de production du logiciel, d'amélioration de la productivité et de la qualité des produits (Jiang, *et al.*, 2004; Huang et Han, 2008). Selon Van Solinen, chaque dollar investi dans une initiative SPI rapporte un retour sur investissement (ROI) direct de 2$ et de 8$ si on ajoute les avantages indirects (van Solingen, 2004).

Toutefois, le taux d'échec des initiatives SPI reste très élevé. Le « Software Engineering Institute » rapporte un taux d'échec de 70% (SEI, 2006). Nombre d'études ont essayé de mettre la lumière sur ce constat (Baddoo et Hall, 2003; Antoniol *et al.*, 2004; Wilkie *et al.*, 2005). Plusieurs raisons sont derrières ce taux élevé d'échec des initiatives d'amélioration dont notamment les difficultés d'implémentation (Pino, *et al.*, 2008), la gestion des changements

(Staples, *et al.*, 2007) et la perception de la valeur ajoutée (Niazi et Babar, 2009).

Dans ce sens, cette perspective cible l'alignement des tâches du MP avec les composants CMMI pour supporter les initiatives d'amélioration des processus. Concrètement, il s'agit d'expliciter l'intention et la valeur ajoutée de chaque pratique CMMI lors de la modélisation ou de la personnalisation d'un processus.

6.3   Bases de l'approche d'alignement et mise en œuvre

Pour aligner un MP avec le corpus CMMI, l'approche adoptée se base sur les étapes suivantes :

- Étendre le méta-modèle de l'outil DSL4SPM pour supporter l'alignement ;

- Assurer le lien avec un fichier XML qui décrit les métadonnées du cadre CMMI v1.2. Les métadonnées présentent les cinq niveaux de maturité, les vingt-deux domaines de processus avec leurs intentions, les objectifs génériques avec leurs pratiques et sous pratiques spécifiques et les objectifs spécifiques avec leurs pratiques et sous pratiques spécifiques ;

- Modéliser pour chaque tâche du processus les composants CMMI auxquels elle réfère ;

- Générer un tableau de bord pour évaluer les niveaux de maturité et d'aptitude du MP ;

La première étape se situe à un niveau conceptuel, les deux suivantes sont à un niveau de modélisation, alors que la dernière étape est automatisée.

6.3.1 Extension du méta-modèle

Pour permettre le lien de chaque tâche du MP aux composants CMMI (spécifiquement les pratiques), nous avons étendu le méta-modèle de l'outil DSL4SPM. Cette extension requiert en plus l'adoption d'une nouvelle perspective de modélisation. Basé sur une perspective de modélisation orientée-stratégies, nous avons proposé une extension qui complémente la vue orientée-activité. Une vue orientée-stratégies supporte l'investigation des alternatives et la production des plans pour la réalisation d'une intention (Rolland, 1998). Nous avons essentiellement ajouté deux classes importantes : « Strategy » et « Intention ». La Figure 6.2 illustre une vue partielle de l'extension du méta-modèle. Comme on peut le constater, l'élément tâche concrétise une intention qui est, à son tour, liée à une nouvelle méta-classe contenant les références vers les métadonnées CMMI. On note que la cardinalité de la relation « Intent*ReferencesCMMIElements* » est de 0..* des deux côtés, ce qui signifie qu'une intention peut être liée à plusieurs composants CMMI et vice-versa, un composant CMMI peut être lié à plusieurs intentions.

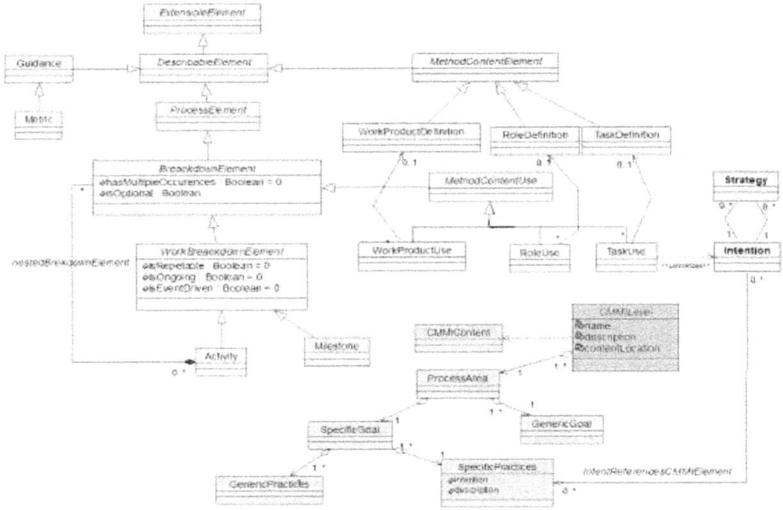

Figure 6.2: Extension du méta-modèle pour l'alignement avec CMMI

6.3.2 Les métadonnées CMMI

Les métadonnées du CMMI sont stockées dans un fichier XML adaptable. L'adaptation peut avoir un des deux sens : l'internationalisation et le contenu. Avec l'internationalisation, il est possible d'avoir plusieurs fichiers, chacun dans une langue différente. Quant au contenu du fichier, il est possible de l'ajuster en ne retenant que les composants CMMI qui répondent efficacement aux besoins de l'organisation et à son contexte spécifique. À titre d'exemple, le fichier XML peut être adapté en choisissant un sous-ensemble de domaines de processus et de pratiques pour un niveau donné. La Figure 6.3 présente un extrait de la structure XML du fichier de métadonnées CMMI.

202

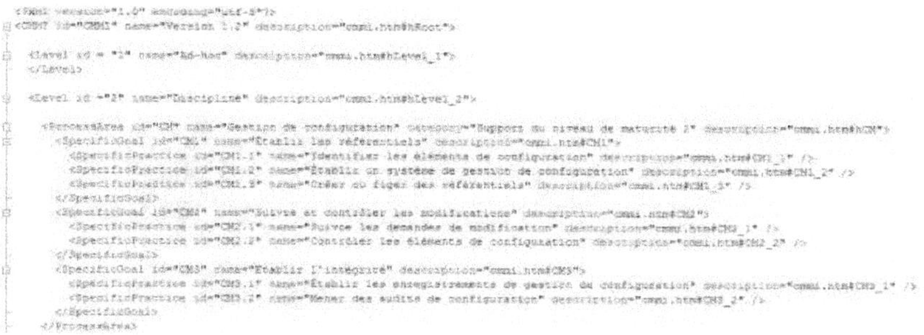

```
<?xml version="1.0" encoding="utf-8"?>
<CMMI id="CMMI" name="Version 1.2" description="cmmi.htm#hRoot">
  <Level id = "1" name="Ad-hoc" description="cmmi.htm#hLevel_1">
  </Level>
  <Level id ="2" name="Discipliné" description="cmmi.htm#hLevel_2">
    <ProcessArea id="CM" name="Gestion de configuration" category="Support du niveau de maturité 2" description="cmmi.htm#hCM">
      <SpecificGoal id="CM1" name="Établir les référentiels" description="cmmi.htm#CM1">
        <SpecificPractice id="CM1.1" name="Identifier les éléments de configuration" description="cmmi.htm#CM1_1" />
        <SpecificPractice id="CM1.2" name="Établir un système de gestion de configuration" description="cmmi.htm#CM1_2" />
        <SpecificPractice id="CM1.3" name="Créer ou figer des référentiels" description="cmmi.htm#CM1_3" />
      </SpecificGoal>
      <SpecificGoal id="CM2" name="Suivre et contrôler les modifications" description="cmmi.htm#CM2">
        <SpecificPractice id="CM2.1" name="Suivre les demandes de modification" description="cmmi.htm#CM2_1" />
        <SpecificPractice id="CM2.2" name="Contrôler les éléments de configuration" description="cmmi.htm#CM2_2" />
      </SpecificGoal>
      <SpecificGoal id="CM3" name="Établir l'intégrité" description="cmmi.htm#CM3">
        <SpecificPractice id="CM3.1" name="Établir les enregistrements de gestion de configuration" description="cmmi.htm#CM3_1" />
        <SpecificPractice id="CM3.2" name="Mener des audits de configuration" description="cmmi.htm#CM3_2" />
      </SpecificGoal>
    </ProcessArea>
```

Figure 6.3: Structure XML des métadonnées CMMI

Le fichier de métadonnées est lié à un fichier de contenu en format HTML qui décrit en détail chaque composant du CMMI. Le choix du format HTML a été retenu pour supporter la navigation dans le contenu du corpus CMMI.

Ainsi, l'organisation de l'information en métadonnées et en fichier de contenu détaillé permet une navigation du général vers le spécifique. En outre, elle facilite l'utilisation de la perspective CMMI.

6.3.3 Aligner les tâches du MP aux composants CMMI

La Figure 6.4 illustre l'interface de l'outil DSL4SPM utilisé pour l'approche d'alignement des tâches du MP aux composants CMMI. Dans le formulaire personnalisé de l'élément tâche, l'utilisateur indique les composants CMMI qui doivent être incarnés par la tâche. À titre d'exemple la tâche nommée « *MR/PR Analysis* » représente les intentions CMMI *REQM1*, *REQM2*, *REQM3* et *REQM4*. Comme on peut le constater, l'utilisateur est guidé par une description détaillée de chaque composant CMMI.

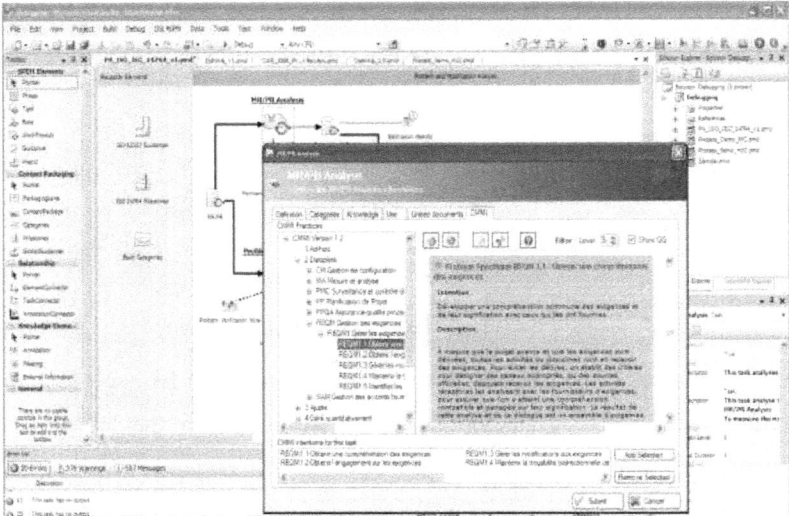

Figure 6.4: Aligner une tâche du processus aux pratiques CMMI

On note aussi l'implémentation de quelques filtres qui limitent l'espace de choix tels que le choix d'un niveau de maturité particulier ou la prise en compte des buts génériques (GG).

6.4 Tableau de bord

Un des résultats directs de l'alignement est la génération automatique d'un tableau de bord qui supporte l'évaluation de la maturité des processus. La Figure 6.5 présente ce tableau de bord. L'intersection entre l'axe des tâches et celui des pratiques indique si l'activité satisfait ou non la pratique.

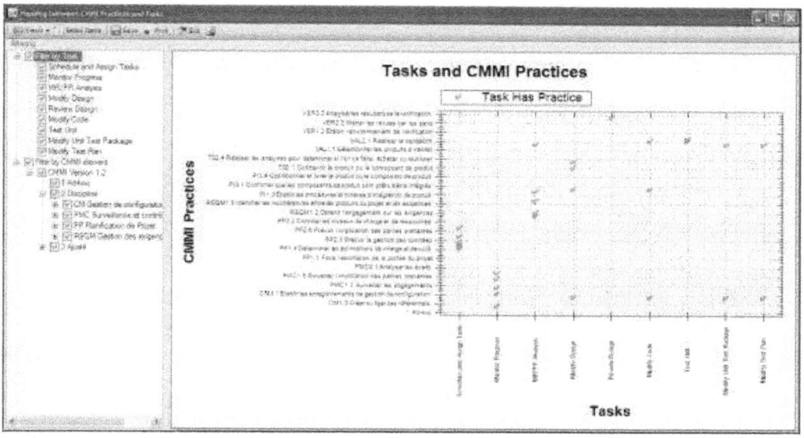

Figure 6.5: Évaluation automatique d'un processus

On note qu'il est possible d'utiliser des filtres pour se concentrer sur un sous ensemble d'activités ou un sous ensemble de pratiques.

6.5 Étude exploratoire

En vue de mieux comprendre les bénéfices et les limites de l'approche d'alignement que nous proposons, nous avons mené une étude exploratoire. Cette étude tente de répondre aux questions suivantes et met la lumière sur d'autres questions qui alimenteront d'autres pistes de recherche :

Comment les développeurs perçoivent-ils l'intention de chaque activité du processus avec une vision CMMI ?

Les développeurs sont-ils capables de faire le lien entre chaque activité du processus et les domaines de processus du CMMI (présentation continue) ?

Les développeurs sont-ils capables de faire le lien entre chaque activité du processus et les pratiques spécifiques du domaine de processus CMMI concernées (présentation étagée) ?

Pour répondre à ces questions, nous avons recruté 36 sujets volontaires pour cette exploration. Les sujets sont tous impliqués dans la réalisation d'un projet académique d'envergure par équipe de cinq. Ils ont été répartis en 17 groupes pour les besoins de cette exploration. Le but principal est d'investiguer la capacité des utilisateurs d'un processus à aligner les activités d'un MP au corpus des pratiques CMMI.

6.5.1 Méthode

Parce qu'il n'existe pas de fondement théorique derrière les initiatives d'amélioration des processus, nous avons opté pour une étude exploratoire avec un objectif double : *(1)* vérifier l'utilité de la perspective CMMI telle qu'implémentée dans l'outil DSL4SPM et *(2)* mesurer la perception d'un groupe d'utilisateurs des activités d'un MP selon une vue CMMI. Une autre attente serait la définition d'autres pistes de recherche dans le cadre de l'amélioration de la modélisation des processus.

6.5.2 Participants

Les participants à l'étude exploratoire sont 36 étudiants tous inscrits dans le cours[28] « Processus de génie logiciel » et qui réalisent en parallèle un projet d'envergure[29] en équipe de cinq membres. Les sujets ont un niveau de connaissance suffisant du domaine des processus et une maturité de réalisation des projets puisqu'ils en sont à leur 3ième projet d'envergure depuis le début de leur programme. Les 36 sujets ont été divisés en groupes de deux personnes (trois dans certains cas). Ainsi, nous avons 17 groupes pour la réalisation de cette étude exploratoire.

---

[28] Cours de 3ième année de niveau Bac à l'école Polytechnique de Montréal.
[29] Projet intégrateur de 3ième année à l'école Polytechnique de Montréal session hiver 2010.

Dans ce contexte, nous avons conçu un exercice de modélisation basé sur le processus de réalisation du projet intégrateur sur lequel les sujets travaillent depuis le début de session. Les 17 groupes ont été invités à utiliser la perspective CMMI de l'outil DSL4SPM pour aligner les tâches du processus fourni avec les composants CMMI.

6.5.3 Présentation de l'application et du processus

Aux fins de cette étude, nous avons retenu un MP de référence nommé ISPW-6. Ce modèle de processus est un exemple de processus de génie logiciel connu dans la littérature (Kellner *et al.*, 1991). Il a été publié initialement sous le titre de : « *Software Process Modeling Example Problem* ». Le titre a été changé par la suite en « *ISPW-6 Software Process Example* » pour distinguer la version originale des versions subséquentes.

Dans le contexte de l'étude, ce processus a été adapté pour cadrer avec le projet intégrateur en cours de réalisation par les sujets. La Figure 6.6 illustre la vue conceptuelle du processus réalisé par l'outil DSL4SPM.

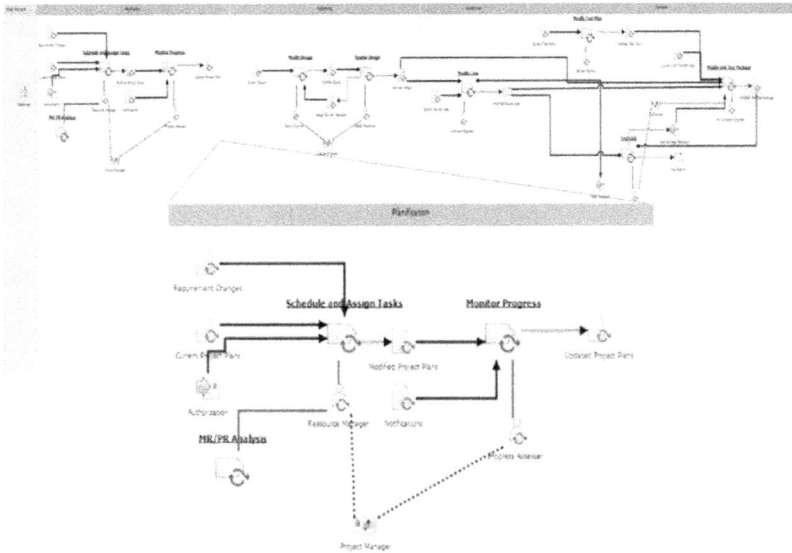

Figure 6.6: Processus fourni pour l'étude exploratoire

Le Tableau 6.2 présente les tâches du processus ISPW-6, leurs étapes et leurs descriptions.

Tableau 6.2: Description des activités du processus

Tâches	Étapes	Description (réf. ISPW-6)
Schedule and Assign Tasks	• Develop Schedule and Assign • Update Project Plan • Notify Agents	Focuses on assignment of resources to the tasks and estimation of the schedule required for those resources to carry out the tasks. This step is a project management function, and is the first step carried out. It involves developing a schedule for the work to be undertaken for this software change, and assigning individual tasks to specific staff members.
Monitor Progress	• Monitoring Work Progress • Analyze and act depending on work progress	Involves the project manager monitoring progress and status of the work. This is based upon notification of completion of each task, as well as informal information. While work proceeds according to plan, no action is taken and no output is developed by this task. On the other hand, deviations from plan can result in rescheduling of tasks.
MR/PR Analysis	• Determine if the maintainer is adequately staffed to implement the proposed modification. • Determine the operational issues to be considered. • Determine handling priority. • Determine the impact to current and future users	Analyses the modification request (MR) or problem request (PR) and produces estimates of the impact of the modification to the current code. It also measures the feasibility of the proposed modification as well as the risk associated with the suggested modification.
Modify Design	• Modify Design • Send the New Design to Review Design, Modify Code and Modify UnitTestPackage tasks	Involves the modification of the design for the code unit affected by the requirements change. It is a highly creative task. This Task may also modify the design based upon feedback from the design review task.
Review Design	• Review Design • Edit Design Review Feedbacks • Send Design Review Feedbacks to Modify Design Task • Edit Review Report Outcome to be sent to Project Manager	Involves the formal review of the modified design with three alternative outcomes: 1. Unconditional approval. 2. Minor changes recommended. 3. Major changes recommended. At the conclusion of the review, the project manager is notified of the outcome.
Modify Code	• Modify Code • Compile and Check errors	Involves the implementation of the design changes into code, and compilation of the modified source code. Implementation is accomplished by modifying existing source code.
• Test Unit	• Apply Test • Analyze Results	Involves the application of the unit test package on the modified code, and analysis of the results. The entire test package is run before any analysis or further action is taken.

Le projet intégrateur nommé « Billard '10 » sur lequel travaillent les sujets de cette étude est un jeu de billard qui doit être porté vers une architecture multi-joueurs en réseau local avec des interfaces supplémentaires pour un assistant numérique personnel (PDA). Des parties de types 1 contre 1 ou 2 contre 2 peuvent alors être choisies. Le jeu en réseau offre également une fonctionnalité de clavardage et de dispache des scores.

6.5.4 Procédure

La question est posée à savoir si les sujets sont en mesure d'arrimer le MP fourni au corpus CMMI. L'objectif est de vérifier le niveau d'agrément pour le choix des pratiques CMMI que chaque tâche du processus représente. Un second objectif consiste à évaluer le niveau de compréhension et d'opérationnalisation des pratiques CMMI dans le contexte d'un modèle de processus. À titre d'exemple, pour une certification CMMI niveau 3, les 43 objectifs spécifiques doivent être mappés à des activités du processus.

- ✓ *Question 1 :* Pour la structure CMMI version 1.2 en langue française et pour un échantillon de 17 groupes, quel serait le niveau d'agrément pour le choix des pratiques CMMI pour toutes les tâches du processus ? En d'autres mots quel serait le niveau de cohérence ?

- ✓ *Question 2 :* Est-ce qu'un utilisateur, avec une formation de base à la fois sur l'outil DSL4SPM et sur le modèle CMMI, est en mesure d'aligner un modèle de processus avec les pratiques CMMI en termes d'intention ?

Pour pouvoir répondre à ces deux questions, les 17 groupes doivent indiquer pour chaque tâche du processus les pratiques CMMI que cette tâche est sensée réaliser. Ces pratiques devront être choisies à partir d'un arbre structuré de pratiques CMMI fourni avec une description détaillée (voir Figure 6.4).

Pour des fins de simplification, nous avons retenu uniquement quatre domaines de processus du niveau 2 et quatre du niveau 3. La Figure 6.7 représente les domaines retenus, soit 66 pratiques spécifiques. Le choix de ces pratiques a été guidé par le niveau des projets dans lesquels les étudiants sont impliqués, tout particulièrement le projet intégrateur de 3ième année.

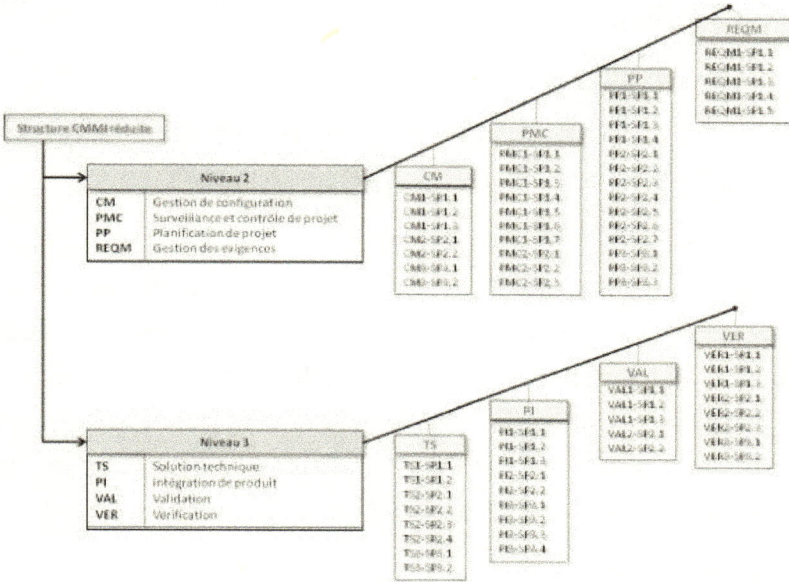

Figure 6.7: Vue conceptuelle de la structure CMMI retenue pour l'étude exploratoire

Deux paramètres importants ont été considérés pour cette étude :

- Le nombre des domaines de processus (DP) a été réduit à huit (8) à la fois pour des raisons de simplification et de pertinences relatives à la nature du contexte du projet à réaliser. Sachant qu'une tâche peut faire référence à une ou plusieurs pratiques CMMI.

- 4 domaines du niveau de maturité 2
  - CM -- Gestion de configuration
  - PMC -- Surveillance et contrôle de projet
  - PP -- Planification de projet

211

- REQM -- Gestion des exigences
- 4 domaines du niveau de maturité 3
- PI -- Intégration de produit
- TS -- Solution technique
- VAL -- Validation
- VER – Vérification

Les objectifs génériques ne sont pas pris en compte parce qu'ils ne présentent pas un grand intérêt pour cette étude.

6.5.5 Résultats de l'étude exploratoire

Cette section présente l'analyse quantitative des données de l'alignement suite à l'étude exploratoire. Nous commençons par la description du modèle d'analyse des données qui explique le calcul de la variabilité et du seuil de variabilité acceptable. Ensuite, nous présentons les résultats suivis d'une série d'observations et leur impact sur le domaine de la modélisation des processus. Enfin, nous soulignons les aspects de validité et limites de l'étude.

6.5.5.1 Modèle d'analyse

Pour répondre à la question de recherche liée à comment les développeurs perçoivent les activités d'un modèle de processus en termes de pratiques CMMI, nous avons analysé l'ensemble des choix réalisés par chaque groupe pour chaque activité. L'ensemble des choix est une collection de réponses de la part des 17 groupes identifiant ou non une relation entre une activité du processus et une pratique spécifique de CMMI. La variabilité mesure la divergence des choix par rapport à un consensus. Le seuil de variabilité acceptable est déterminé ensuite par une approche statistique basée sur la loi binomiale.

ϒ *Définition de la variabilité*

Par définition, le consensus est obtenu quand les 17 groupes produisent le même choix concernant le lien d'une activité par rapport à une pratique CMMI. Un consensus parfait implique une variabilité nulle. Alors qu'à l'opposé, la variabilité est maximale quand la moitié des groupes produit un choix et l'autre moitié produit le choix opposé. La Figure 6.8 décrit cette situation.

À partir de ce point de vue, une question s'impose : quel serait le seuil pour une variabilité acceptable ? Ou quand est ce qu'on peut dire qu'il n'y a pas de consensus ?

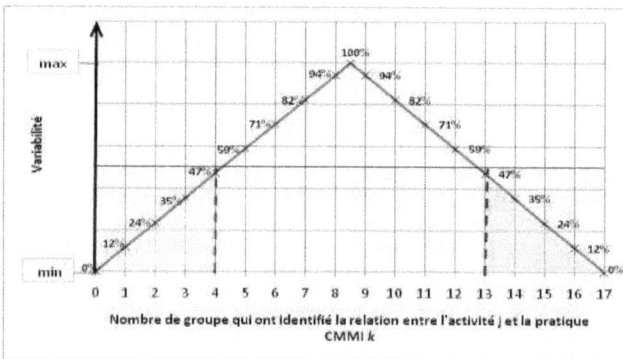

Figure 6.8: Calcul de l'indice de variabilité pour les 17 groupes

Υ **Détermination du seuil acceptable pour la variabilité**

La variable choix est dichotomique, nous assumons que cette variable ne suit pas une distribution normale. Par conséquent, nous avons opté pour une approche par loi binomiale en visant deux objectifs : premièrement pour s'assurer que les développeurs n'ont pas fait un travail de supposition. Deuxièmement, pour établir le seuil de variabilité acceptable. Une distribution binomiale est une distribution discrète de probabilité du nombre de choix positif dans une séquence de n expériences indépendantes avec les résultats oui/non et avec la même probabilité p. Une variable aléatoire X suit une distribution binomiale si et seulement si elle satisfait les critères suivants :

1- L'expérience est composée d'une suite fixe de n épreuves indépendantes (17 groupes).
2- Chaque épreuve peut donner lieu à deux résultats ("existence du lien" et "non existence du lien").
3- La probabilité p d'avoir un lien à chaque épreuve reste fixe (constant à 50%).

Ainsi, avec la loi binomiale il est possible de déterminer un seuil pour lequel on a seulement 5% de probabilité d'avoir des choix aléatoires (i.e., travail de supposition). L'équation 6 permet de calculer ce seuil :

$$P(X \leq 4) = \sum_{i=0}^{4} \binom{n}{i} p^i (1-p)^{n-i} = 2.5\% \qquad (6)$$

Où X est le nombre d'occurrence d'identification d'un lien entre une activité j du processus est une pratique spécifique k de CMMI (varie entre 0 et n). La valeur de n correspond au nombre de groupes (17 dans notre cas). Et p la probabilité d'une occurrence en assumant une approche aléatoire (fixée à ½ dans notre cas).

Étant donné la symétrie de la distribution illustrée à la Figure 6.8, nous pouvons déduire que P $(X{\geq}13)$ = 2.5 %. Par conséquent, les occurrences des choix dans les intervalles [0, 4] ou [13, 17] ont seulement 5% de chance d'être des choix aléatoires. Ainsi, les liens qui ont été choisis par un nombre de groupes entre 5 et 12 dépassent le seuil de variabilité. En d'autres mots, si la variabilité dépasse le seuil, alors l'intention de l'activité, selon la perspective CMMI, n'est pas comprise de la même façon par l'ensemble des développeurs.

6.5.5.2 Résultats

L'analyse des résultats a été réalisée en mettant la lumière sur les deux représentations de CMMI : étagée qui met l'accent sur les domaines de processus et continu qui met l'accent sur les pratiques spécifiques (se rapporter à la Figure 6.1 pour plus de détails). L'intérêt est d'évaluer d'abord la capacité des sujets à aligner les activités du MP avec les huit domaines de processus prédéfinis (CM, PMC, PP, REQM, PI, TS, VAL et VER) ; ensuite, procéder dans un deuxième temps à l'évaluation de la capacité des sujets à aligner les tâches du MP avec les pratiques spécifiques de chaque domaine de processus (ex pour le domaine CM, nous avons CM1.1, CM1.2, CM1.3, CM2.1, CM2.2, CM3.1 et CM3.2).

La Figure 6.9 illustre l'alignement de la première activité « *Schedule and Assign Tasks* » avec les domaines de processus du CMMI. On peut constater le consensus des groupes dans l'alignement de cette activité avec le domaine PP par l'observation du nombre de choix identifiés.

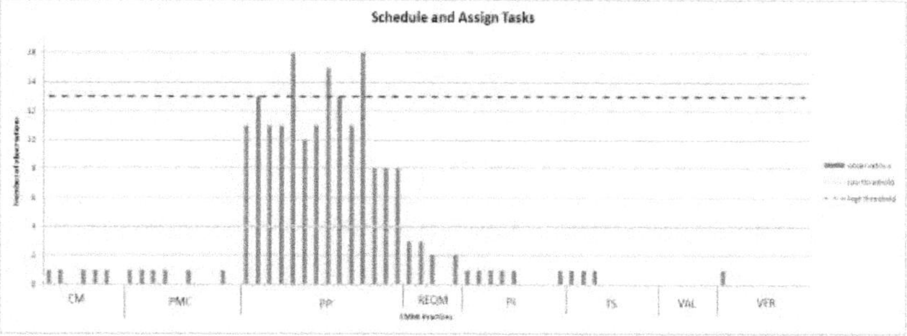

Figure 6.9: Résultat de l'alignement de la tâche « *Schedule and Assign Tasks* »

Si l'objectif est d'aligner les activités du processus au domaine de processus du CMMI, alors nous pouvons conclure que l'ensemble des 17 groupes arrive

215

relativement aux mêmes résultats avec un taux de variabilité négligeable. La Figure 6.9 illustre ce constat.

Dans le contexte du second niveau d'analyse, l'accent est mise sur la représentation continue, c.-à-d. l'analyse de l'alignement des activités non pas avec les domaines de processus, mais avec les pratiques spécifiques. Il s'agit d'un niveau de granularité plus fin qui se trouve être l'esprit de la structure CMMI. Autrement dit, ce sont les pratiques spécifiques qui supportent toutes la structure de CMMI alors que les domaines de processus jouent, en quelque sorte, le rôle de classificateurs. La Figure 6.10 présente les résultats de l'alignement de la première tâche « *Schedule and Assign Tasks* » avec les pratiques spécifiques du domaine PP.

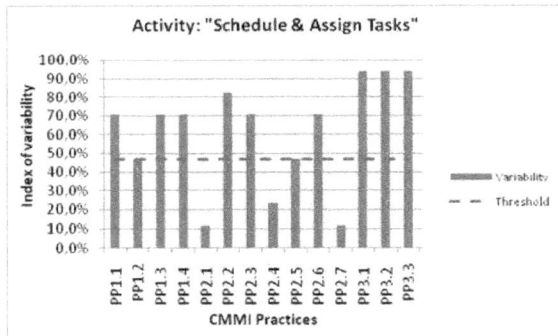

Figure 6.10: Résultat de l'alignement d'une tâche avec les pratiques spécifiques

On constate dans la Figure 6.10 que 9 pratiques sur les 14 présentent un indice de variabilité supérieur au seuil (47%). Si l'objectif est d'aligner les activités du processus aux pratiques spécifiques de CMMI, alors il n'y a pas de consensus dans l'alignement.

Le même exercice a été réalisé par les 17 groupes sur les autres tâches du processus. Le Tableau 6.3 présente les résultats obtenus.

Tableau 6.3: Résultats de l'alignement

Activités	Pratiques spécifiques CMMI		Ratio
	Nb PS avec IV > seuil	Nb total de pratiques	
Schedule and Assign Tasks	9	14	64%
MR/PR Analysis	7	12	58%
Monitor Progress	7	10	70%
Modify Design	4	8	50%
Review Design	7	13	54%
Modify Code	2	8	25%
Test Unit	4	13	31%

Ces mesures indiquent une grande dispersion des groupes dans le choix des pratiques spécifiques liées à chaque activité du processus. La Figure 6.11 illustre cette dispersion. En d'autres termes, les groupes ne perçoivent pas de la même façon l'intention des activités vis-à-vis des pratiques spécifique du CMMI.

217

Tâche : « *MR/PR Analysis* »

Tâche : « *Monitor Progress* »

Tâche : « *Modify Design* »

Tâche : « *Review Design* »

Tâche : « *Modify Code* »

Tâche : « *Test Unit* »

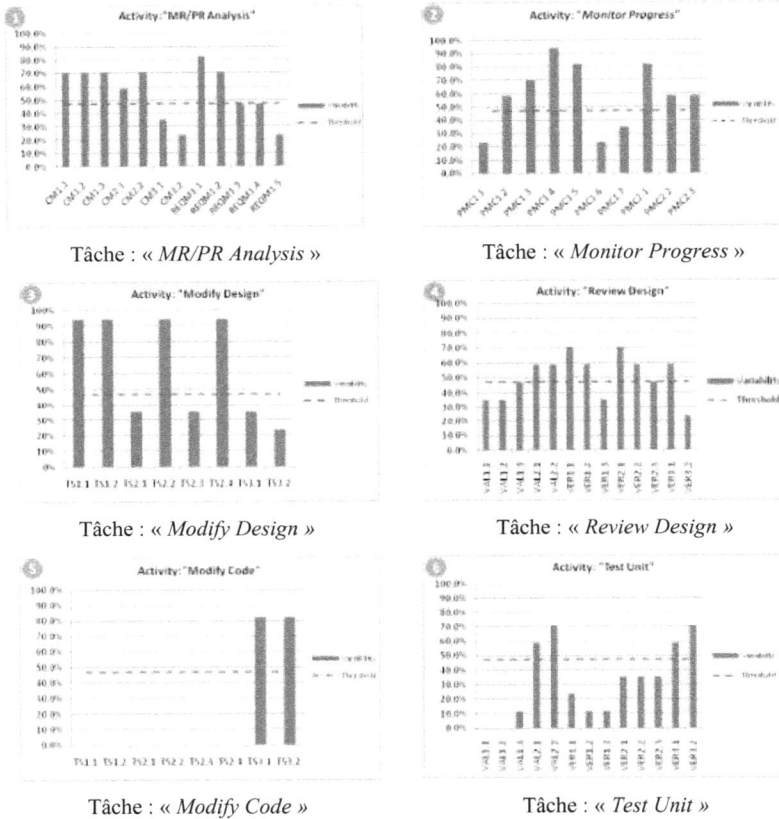

Figure 6.11: Indice de variabilité pour les activités du MP

6.5.6 Implications pour le domaine de la modélisation des processus

Les résultats de cette étude révèlent un problème réel auquel font face les utilisateurs du MP. Ce problème est lié à la perception des objectives des activités du MP selon la perspective CMMI. En effet, nous avons observé que les utilisateurs du MP sont capables d'aligner les activités avec les domaines de processus, mais ne sont pas capables de réaliser l'alignement avec les pratiques spécifiques, ce qui constitue un niveau de granularité assez fin. Nous pensons qu'un alignement explicite peut avoir les implications suivantes sur le domaine de la modélisation des processus :

Permettre une compréhension rationnelle des activités du MP

L'intégration des intentions CMMI lors de la modélisation d'un MP complète la description des activités. Cette description enrichie implique une compréhension rationnelle selon les préoccupations du CMMI. Nous pensons que cette compréhension permet d'améliorer la performance des projets en ce qui concerne l'atteinte des buts stratégiques prédéfinis par l'organisation.

Améliorer le taux de succès des initiatives SPI

Pour s'assurer de la réussite des tentatives d'amélioration, les praticiens SPI doivent comprendre comment implémenter ces tentatives (Stelzer et Mellis, 1998; El Emam *et al.*, 1999). Il s'agit des stratégies d'implémentation de nouvelles pratiques CMMI ou leurs adaptations. De plus, l'analyse des scénarios d'implémentation des tentatives SPI permet de confirmer les attentes en termes d'objectifs stratégiques CMMI.

En outre, bien que les initiatives SPI soient généralement implémentées de façon réactive (Coleman et O'Connor, 2008), nous pensons qu'un déplacement du paradigme d'une postanalyse vers une préanalyse conceptuelle serait avantageux en termes de réduction de coûts, de temps et d'une augmentation de l'efficacité. Une mise en évidence du niveau processus par rapport au niveau contenu du CMMI permet d'éviter un comportement dysfonctionnel des pratiques tel que rapporté dans (Paulk, 1999).

❖ **Conceptualiser l'alignement au niveau processus**

Hormis le fait que le contenu du cadre CMMI soit un standard, l'opérationnalisation de ce contenu n'est pas universelle. Par conséquent, nous avons besoin de mécanisme pour opérationnaliser ou conceptualiser ce contenu dans une liste ordonnancée d'activité. Nous pouvons ainsi envisager une construction des MP du bas vers le haut. Pour ce faire, la modélisation des processus nécessite un alignement approprié et articulé avec un corpus de bonnes pratiques tel que CMMI.

❖ **Évaluer la maturité des MP**

L'utilisation principale du cadre CMMI reste l'évaluation de la maturité des MP (Staples et Niazi, 2008). Le domaine de la modélisation doit supporter, avec des outils appropriés, plus de vues en ce qui concerne l'évaluation de la maturité et de la capacité des MP. Ces vues peuvent aussi mettre l'emphase sur le flux des pratiques CMMI à travers l'ordonnancement des activités. Par exemple, une des fonctionnalités intéressantes de l'outil DSL4SPM réside dans l'utilisation des indicateurs CMMI pour générer automatiquement des tableaux de bord. Ces tableaux de bord présentent les pratiques CMMI couvertes par les activités du MP.

6.5.7 Limitations

❖ **Validité des mesures**

Les résultats de cette exploration sont basés sur des interprétations subjectives des sujets. Toutefois, la taille de la population impliquée dans cette exploration était suffisamment grande pour confirmer les tendances. L'utilisation d'une approche statistique notamment pour la détermination du seuil de variabilité acceptable mitige la subjectivité.

Cette étude exploratoire a été réalisée en milieu académique, ce contexte implique des limitations évidentes. Premièrement, la taille et la complexité du processus utilisé peuvent ne pas être représentatives comparativement aux projets industriels. Deuxièmement, pour des raisons de simplification nous avons retenu uniquement quatre domaines de processus du niveau 2 et quatre autres du niveau 3 (66 pratiques spécifiques), la considération de l'ensemble des domaines de processus impliquerait plus d'effort dans l'alignement des tâches avec les pratiques spécifiques. Troisièmement, bien que nous estimons que les connaissances des étudiants à propos de CMMI et de l'outil DSL4SPM soient plus que satisfaisantes pour le cadre de cette étude, il en demeure qu'en milieu industriel impliquant des professionnelles expérimentés, les résultats risquent de ne pas être les mêmes. Toutefois, des études affirment que les différences sont mineures entre les capacités de jugement des étudiants et ceux des professionnels (Host *et al.*, 2000).

6.6 Synthèse

Ce chapitre propose la perspective CMMI, intégrée dans l'outil DSL4SPM, qui se fixe comme objectif l'alignement des activités d'un MP avec les pratiques CMMI. Les résultats de recherche concernant la perspective CMMI, plus particulièrement les résultats de l'étude exploratoire, conduisent à un certain nombre d'idées pour une modélisation des processus plus rationalisée liées notamment à la perception de l'intention CMMI dans un MP. Aussi, cette perspective peut assister les utilisateurs des processus (ex. développeurs) pour mieux capter l'intention des tâches et ainsi les réaliser plus efficacement.

Un des résultats directs de cette approche est l'évaluation de la maturité du MP et la présentation des résultats sous forme d'un tableau de bord avec des indicateurs pertinents. Le tableau de bord permet d'évaluer automatiquement la maturité et la capacité du modèle de processus. Il indique aussi la propagation des pratiques CMMI à travers toutes les activités du processus permettant ainsi l'analyse des activités selon une portée CMMI.

Aussi, les résultats de l'étude exploratoire relative à l'alignement d'un MP avec le corpus des pratiques CMMI démontrent que les utilisateurs d'un processus peuvent aligner chaque tâche, quand elle est bien décrite, à un ou plusieurs domaines de processus CMMI. Alors que les mêmes utilisateurs n'arrivent pas à un consensus sur le choix des pratiques spécifiques (niveau de granularité fin) que doit incarner chacune des tâches. Ces résultats suggèrent que les initiatives d'amélioration des processus doivent faire plus d'effort pour faire parvenir l'intention de chaque action aux utilisateurs du processus.

D'un autre point de vue, nous avons mis à l'évidence le fait que le contenu CMMI est *universel*, mais *l'opérationnalisation* de ce contenu au niveau processus ne l'est pas. Un corpus de connaissance lié aux bonnes pratiques tel que celui fourni par CMMI doit être conceptualisé et présenté sous forme d'un ordonnancement d'activités à réaliser.

L'approche d'alignement proposée peut aussi supporter des études empiriques dans le sens ou avant le déploiement du MP il est possible de mesurer la perception qu'ont les utilisateurs de ce processus sur chacune des tâches. Par ailleurs, il reste encore à démontrer l'utilité de la perspective CMMI de l'outil DSL4SPM quant à la qualité des MP. Des cas d'étude en milieu industriel sont nécessaires pour confirmer l'amélioration des MP suite à leurs positionnements dans la galaxie CMMI.

DISCUSION GÉNÉRALE

La revue de littérature présentée au chapitre 2 nous a permis de constater les multiples facettes de la modélisation des processus de génie logiciel. Ces constats ont mené à l'objectif général de ce projet qui est la réalisation d'un cadre de modélisation à base de perspectives qui permet de prendre en considération les nombreuses préoccupations. L'approche par perspectives nécessite un enrichissement sémantique. Nous avons réalisé cet enrichissement sur le standard fourni par l'OMG dédié à la modélisation des processus (SPEM).

Cet objectif qui essaye d'intégrer des disciplines comme la modélisation des processus, la gestion des connaissances et la simulation semble difficile à incarner dans un seul cadre de modélisation. La construction d'un cadre de modélisation supportant ces trois disciplines semble être une construction babélienne. Nous avons néanmoins démontré qu'il est possible de réaliser un cadre de modélisation intégré qui offre une vision holistique des processus. Cette vision a suscité une profonde réflexion qui a donné naissance à l'idée des « Multi-perspectives » permettant, ainsi, l'intégration de plusieurs perspectives (activité, GC, simulation, alignement avec CMMI) au sein d'un seul cadre de modélisation.

Les forces et les limites des méthodes proposées ainsi que les résultats ont été discutés dans les chapitres 3, 4, 5 et 6. Toutefois, il convient de discuter, avec une vision globale, la réalisation des objectifs prédéfinis et la contribution de ce travail pour le domaine de la modélisation des processus de génie logiciel.

❖ *Volet ingénierie*

De prime abord, le volet ingénierie, dédié à la réalisation de l'outil DSL4SPM, a été guidé par les six principes directeurs issus d'un vaste ensemble de principes :

- Fournir une vision pragmatique de la modélisation des processus par l'utilisation d'un langage spécifique pour le domaine (DSL). Dans ce contexte et à la différence de plusieurs groupes de recherche, nous n'avons pas hérité complètement du langage UML pour la production de notre méta-modèle. L'esprit des relations définies dans UML ne convient pas à la modélisation dans le domaine des processus, c'est pour cette raison que nous avons opté pour la création d'un domaine spécifique qui préserve les notions importantes d'UML et renforce les notions faibles telles que les relations. Ces relations (ou connecteurs) constituent l'épine dorsale de l'enrichissement sémantique qu'on propose.

- Réutiliser des composants préexistants dans des librairies externes. Cette préoccupation a été mise de l'avant dans la dernière spécification de SPEM que nous avons utilisé. L'idée n'est pas nouvelle, elle a été propulsée par plusieurs groupes de recherche dans le but précis d'une adaptation, par la réutilisation, au contexte et la situation particulière de chaque projet. En effet, un processus de développement ne peut être générique et réutilisable tel quel pour n'importe quel projet de développement ou de maintenance. C'est dans cet esprit que nous avons traité le problème de réutilisation en offrant un mécanisme de réutilisation des composants de processus existants dans une librairie de composants.

- Valider la consistance et la cohérence des MP. La consistance est assurée par le méta-modèle qui ne permet que des constructions selon des règles prédéfinies. La cohérence quant à elle est assurée par un moteur de règles et peut être invoquée à n'importe quel moment de la modélisation. Dans ce contexte, nous avons proposé une approche originale basée sur un moteur de règles qui assistent les modélisateurs de processus dans la vérification de la cohérence du modèle produit.

- Gérer les versions d'un MP pour, d'une part, mesurer la variabilité et, d'autre part, améliorer l'adaptation du processus à l'évolution du projet. Il ne s'agit pas d'une approche de contrôle de version telle qu'elle est réalisée avec un gestionnaire de code source classique, mais d'un mécanisme original qui permet de suivre les modifications, d'une version à l'autre, de chaque composant du processus (tâche, rôle, artefact et guide) dans le but d'évaluer l'ampleur de la modification. Cette fonctionnalité, qui a été implémentée dans l'outil DSL4SPM, permet de conduire des études empiriques sur l'évolution temporelle du processus parallèlement à l'évolution du projet.

- Exporter les MP vers d'autres plateformes telles qu'un gestionnaire de projet (ex. Ms Project) ou un site Web. L'exportation vers Ms Project en particulier nous a permis de démontrer qu'il est possible de garder une communication entre les gestionnaires de processus et les gestionnaires de projet. La structure des activités est de la responsabilité des gestionnaires de processus, alors que la gestion des ressources est de la responsabilité des gestionnaires de projet. La communication, spécialement après une proposition de modification, était pratiquement impossible vu que les deux domaines utilisent des outils différents. L'exportation que nous avons proposée dans le cadre de ce travail facilite la communication entre les deux domaines en exportant, après chaque modification, le modèle de processus mis à jour vers Ms Project. En plus, nous avons proposé un mécanisme de calcul du chemin critique dans l'environnement de modélisation proposé.

- Simuler les MP et réaliser des expérimentations de type « *What-if* » nous a permis de réduire l'écart entre les domaines de simulation et celui de la modélisation en proposant un mécanisme de simulation basé sur le modèle descriptif au lieu de créer un nouveau modèle. Cette contribution démontre qu'il est possible d'évaluer l'impact de chaque décision prise au niveau de la modélisation des processus sur le déroulement du projet. L'utilisation d'une approche probabiliste basée sur la méthode Monte-Carlo a été d'un grand intérêt.

- Établir un pont entre la modélisation des processus orientée-Activité et d'autres domaines tels que la gestion des connaissances, la simulation et le corpus des bonnes pratiques CMMI. Nous n'avons pas recensé de travaux de recherche qui traitent de l'alignement entre le domaine de la modélisation des processus et celui de CMMI. Cette contribution originale nous a permis de conduire une étude exploratoire, en utilisant l'outil. Les résultats de l'étude démontrent que l'absence d'une intention explicite dans la description des activités du processus peut limiter la réussite des initiatives d'amélioration des processus.

Tous ces principes qui ont guidé bien d'autres fonctionnalités de l'outil DSL4SPM offrent un cadre de modélisation qui est le fondement pour plusieurs perspectives. Chacune traite une préoccupation identifiée dans la littérature scientifique comme une source de problèmes majeurs liés au débordement de la planification et à la qualité du logiciel produit.

Il reste à noter que l'outil DSL4SPM est utilisé, à notre grande satisfaction, dans les laboratoires du département de génie informatique et génie logiciel de l'école polytechnique de Montréal depuis la session d'hiver 2008. Il est utilisé par les étudiants de troisième et quatrième année aussi bien dans les laboratoires du cours « ingénierie des processus » que pour certains projets intégrateurs de quatrième année. À ce jour, aucun bogue majeur n'a été rapporté ni pour la version 1.0 ni pour la version 1.5, ce qui témoigne de la stabilité de l'outil.

❖ *Volet intégration de la gestion des connaissances dans la modélisation*

Nous avons proposé une perspective de gestion des connaissances intégrée à la modélisation des processus et supportée par l'outil DSL4SPM. L'aspect de gestion des connaissances est original, il a contribué à reconsidérer les modèles de processus non seulement en termes d'ordonnancement d'activités tel que proposé par SPEM, mais aussi en termes de flux de connaissances. Dans ce sens, nous avons proposé deux tableaux de bord, générés automatiquement pas l'outil DSL4SPM, qui indiquent l'état des connaissances dans un MP et permettent ainsi d'évaluer un type de risque, lié au manque de connaissances, souvent ignoré. Ainsi, nous avons démontré qu'il est possible de présenter des indicateurs qui supportent la prise de décision lors de la modélisation d'un MP. Aussi, nous avons proposé une vue qui visualise les flux cognitifs de chaque activité du processus, et ce, dans une structure ordonnancée.

L'approche ontologique que nous avons utilisée pour la gestion des connaissances repose sur les théories cognitives qui traitent la représentation et le partage de la connaissance. Dans ce contexte, la connaissance est modélisée comme étant un ensemble de concepts interreliés permettant la construction d'un état de connaissance. Nous avons évalué l'utilité, l'effort et la viabilité de cette approche avec deux cas d'études. Le premier a été dédié à l'utilité de l'approche de façon générale, alors que le second a été dédié à l'évaluation de l'ontologie. Il convient de noter que la construction de l'ontologie peut être déléguée à un outil spécialisé qui respecte le standard OWL. Nous avons implémenté dans l'outil DSL4SPM un mécanisme d'interfaçage avec les ontologies via le standard OWL.

❖ *Volet simulation*

L'originalité de la perspective de simulation réside dans l'utilisation d'une approche probabiliste basée sur la méthode Monte-Carlo pour expliciter l'incertitude des estimations. L'objectif principal est de calculer un chemin critique pour les activités du processus et de mesurer la sensibilité de chaque activité par rapport au processus au complet. Un second objectif qui découle du premier réside dans la réalisation des expérimentations de types « *What-if* ». Ces expérimentations permettent d'évaluer l'impact de différents scénarios sur le MP. Les résultats du cas étudié, qui traite différents scénarios pour répondre à des événements non planifiés, démontrent qu'il est possible de simuler les réponses à des événements et d'analyser l'impact sur le déroulement du processus.

Par ailleurs, l'originalité de cette perspective tient aussi du fait qu'elle permet de réduire l'écart entre le domaine de la modélisation des processus et celui de la simulation.

❖ *Volet intégration de l'alignement avec CMMI*

Notre contribution avec la perspective d'alignement des MP et le corpus des bonnes pratiques CMMI démontre à la fois l'extensibilité de notre cadre de modélisation et l'utilité d'une telle approche. L'objectif est de mesurer la maturité et l'aptitude du MP. L'intérêt est d'exploiter les bonnes pratiques CMMI lors de la conception des activités du processus.

L'étude exploratoire qui a été menée avec l'utilisation de l'outil DSL4SPM a permis d'identifier un problème lié à la perception des utilisateurs du processus. Les résultats de l'étude démontrent que la perception des utilisateurs de l'intention liée aux composants CMMI est très variable. En d'autres termes, il existe une certaine variabilité dans la compréhension des objectifs d'ingénierie derrière chaque activité du MP. Ces résultats soulèvent des questionnements quant à l'efficacité des initiatives d'amélioration des MP qui ne tiennent pas compte des stratégies d'implémentation.

Le tableau de bord généré de façon automatique et dynamique présente des indicateurs intéressants sur l'existence et la propagation des pratiques CMMI dans les modèles de processus. Ceci dépasse l'évaluation de la maturité et de l'aptitude des MP en fournissant une vision conceptuelle d'abord sur comment les pratiques CMMI sont opérationnalisées et aussi sur la porté des activités en termes d'intentions CMMI.

❖ *Volet validation des résultats*

Trois études de cas ont été menées dans le but d'évaluer la pertinence des perspectives qu'on propose. Ces études ont impliqué 65 volontaires et ont permis d'abord la validation de l'approche de gestion de connaissances et aussi l'exploration de certaines hypothèses liées à la compréhension et à la perception des pratiques CMMI.

Les résultats de la première étude de cas démontrent l'utilité de l'intégration de la gestion des connaissances dans la modélisation des processus. *52,94 %* des participants à la première étude ont trouvé l'approche « Très satisfaisante » et *47,06 %* l'ont trouvé « Satisfaisante ». Les résultats de la seconde étude de cas, dédiée à l'efficacité de l'ontologie proposée et la variabilité liée au choix des concepts de connaissances qu'incarne chaque activité du processus, démontrent qu'on peut atteindre dans le meilleur cas *94,12 %* d'accord dans le choix des concepts pour une activité donnée (auprès des *17* groupes et avec une ontologie de *108* concepts), et au pire des cas *29,41 %* d'accord, ce qui démontre qu'on peut avoir une certaine cohérence au niveau du choix de connaissances pour chaque activité. Les résultats de la troisième étude de cas, qui traite la perception des utilisateurs du processus vis-à-vis des composants CMMI, démontrent qu'il y a une grande variabilité dans l'alignement de chaque activité aux pratiques CMMI. Par conséquent, nous pensons que la perspective d'alignement du processus avec CMMI que nous proposons est essentielle pour guider les initiatives d'amélioration des processus.

Ainsi, tous les volets de cette discussion démontrent la plus-value de notre contribution au domaine de la modélisation des processus de génie logiciel aussi bien par le cadre de modélisation proposé que par les trois perspectives qui lui sont associées.

Nous avons aussi contribué à l'enrichissement de SPEM de plusieurs façons. Étant donné que SPEM est défini comme étant à la fois un profil UML et un méta-modèle (OMG:SPEM, 2008) pp 1, nos contributions à l'extension de ce standard portent sur ces deux aspects. Premièrement, la contribution principale au profil UML réside dans la proposition d'un enrichissement sémantique par l'utilisation des relations attribuées. Ces relations sont la base pour les perspectives de modélisation qu'on propose dans ce livre. Deuxièmement, les contributions par l'extension du méta-modèle SPEM ont permis de considérer de nouvelles préoccupations telles que la modélisation des connaissances, la dérivation d'un modèle simulable et l'intégration du cadre CMMI pour assurer son alignement avec le domaine de la modélisation des processus.

L'outil DSL4SPM proposé dans le cadre de ce livre est destiné aussi bien à la communauté scientifique qu'à l'industrie. Au niveau scientifique, il est possible d'ajouter d'autres perspectives et les appliquer en milieu industriel pour des validations empiriques. Au niveau de l'industrie, l'outil peut être utilisé pour modéliser, adapter et analyser les processus d'une organisation. Les tests d'utilisation en laboratoire avec plusieurs cohortes d'étudiants ont démontré que l'utilisation de l'outil DSL4SPM est intuitive et ne nécessite pas un support spécifique d'utilisation ni une méthodologie particulière. Toutefois, des connaissances du domaine des processus sont nécessaires.

CONCLUSION

Pour être effectif, un processus de développement logiciel doit être adapté au contexte de l'organisation. Cette adaptation nécessite d'abord une abstraction du modèle de processus (i.e., extraction du modèle). L'adaptation exige aussi l'exploration d'autres perspectives telles que: Orientée-Activité, orientée-Connaissance, orientée-Simulation, et orientée-Maturité. Ce livre présente une nouvelle approche de modélisation des processus de génie logiciel supportée par un outil nommé DSL4SPM. L'outil implémente et enrichie la spécification « *Software & Systems Process Engineering Meta-model* » (SPEM) et se caractérise par : *1)* un cadre conceptuel pour la modélisation; et *2)* une orientation multi-perspectives. Le cadre conceptuel est basé sur la syntaxe fournie par SPEM, alors que les perspectives sont le résultat d'un enrichissement sémantique basé sur les connecteurs entre les éléments SPEM. Ce livre a abordé successivement les quatre perspectives de modélisation selon les points de vue recherche et ingénierie, puis a démontré l'applicabilité et l'utilité des perspectives par la présentation des tableaux de bord générés automatiquement.

Dans le premier volet de ce livre, une nouvelle méthode et un outil de modélisation des processus du génie logiciel ont été proposés. L'outil nommé DSL4SPM offre un cadre conceptuel de modélisation des processus avec plusieurs niveaux d'abstraction. Il est basé sur la spécification de SPEM sur le plan de la syntaxe et propose, sur le plan de la sémantique, un enrichissement basé sur l'ajout d'attributs dans les connecteurs entre les éléments SPEM. Les attributs dans les éléments et les connecteurs permettent une meilleure expressivité des modèles et, par conséquent, permettent de bâtir des MP plus riches sémantiquement.

Dans le deuxième volet de ce livre, nous avons proposé l'intégration de la gestion des connaissances dans la modélisation. L'idée de base est qu'un processus de développement est avant tout un cheminement de connaissance pour livrer un produit. De ce point de vue, il existe un rationnel qui permet de justifier l'interaction entre rôles, activités et artéfacts. La modélisation des connaissances dans un MP permet de générer des tableaux de bord qui identifient les risques en termes de non-appariement des concepts de connaissance auxquels le gestionnaire de projet devra faire face.

Dans le troisième volet, l'objectif spécifique était d'offrir une perspective de simulation stochastique basée sur le modèle descriptif du processus au lieu de concevoir un nouveau modèle dédié à la simulation. Dans ce contexte, nous avons utilisé la méthode Monte-Carlo pour exposer l'incertitude et la variabilité des durées de réalisation des tâches dans un MP. À cet effet, nous avons proposé un tableau de bord qui supporte l'analyse de la criticité et de la sensibilité de chacune des tâches du MP. Nous avons proposé et implémenté trois distributions de probabilité : triangulaire, PERT et uniforme pour représenter la nature de l'incertitude dans l'estimation des tâches. L'idée, rappelons-le encore, n'est pas de substituer les travaux dans le domaine de l'estimation, mais de proposer un modèle probabiliste qui reflète les incertitudes et les risques reliés à la réalisation des tâches du processus tout en permettant des expérimentations de type « *What-if* ».

Dans le quatrième volet, nous avons proposé une approche d'alignement de la modélisation des processus avec les bonnes pratiques CMMI. Nous avons implémenté cette perspective dans l'outil DSL4SPM et nous l'avons utilisé pour conduire une étude exploratoire. L'étude a permis de répondre à plusieurs questions notamment celles liées à la perception des utilisateurs du processus quant à la finalité (ou intention) des activités du MP. Elle a permis aussi de soulever d'autres questions liées aux initiatives d'amélioration des processus.

Que ce soit pour l'évaluation des risques, l'amélioration des processus logiciels ou simplement pour la conception de MP, il y a du potentiel pour un cadre de conception des processus Multi-perspectives. Ce cadre permet de répondre à un certain nombre de préoccupations des modélisateurs et utilisateurs des processus, d'abord par un support au niveau de la modélisation et ensuite par les vues et les tableaux de bord générés automatiquement.

En somme, ces quatre perspectives de modélisation que nous proposons (activité, GC et simulation, CMMI) peuvent avoir un effet à la fois habilitant et contraignant sur l'approche de modélisation, par le fait même, sur la qualité des MP. Habilitant dans le sens où on met la lumière sur des problématiques reconnues dans le domaine, mais qui ne sont pas traitées avec assez de profondeur ou sont traitées séparément au domaine de modélisation qui nous concerne. Contraignant dans le sens où on ajoute plus d'information au MP qui encadre davantage la description des processus.

Pour saisir en profondeur les bénéfices de nos propositions, et bien qu'on ait faits des tests dans un contexte académique, il reste nécessaire d'avoir des données empiriques suite à des utilisations de notre cadre de modélisation en milieu industriel. Toutefois, le cadre proposé et l'outil DSL4SPM permettent, dans leur état actuel, d'attirer l'attention sur certaines préoccupations importantes. Nous avons, essentiellement, exprimé ces préoccupations sous la forme de tableaux de bord (GC et simulation) afin de bien marquer le fait que notre projet de recherche relève du domaine appliqué.

BIBLIOGRAPHIE

Abdel-Hamid, T. and S. Madnick (1991). Software Project Dynamics: An Integrated Approach, Prentice Hall, Englewood Cliffs.

Alavi, M. and D. Leidner (1999). "Knowledge management systems: issues, challenges, and benefits." Commun. AIS 1(2es): 1.

Alavi, M. and D. E. Leidner (2001). "Knowledge management and knowledge management systems: conceptual foundations and research issues." MIS Quarterly 25(1): 107-136.

Ambler, S. W. (1998). Process Patterns: Patterns: Building Large-Scale Systems Using Object Technology.

Anderson, J. R. (1983). The Architecture of Cognition, Lawrence Erlbaum; Reprint edition (November 1, 1995).

Anderson, J. R., M. Matessa, et al. (1997). "ACT-R: a theory of higher level cognition and its relation to visual attention." 12(4): 439-462.

Andrade, J., J. Ares, et al. (2008). "Formal conceptualisation as a basis for a more procedural knowledge management." Decision Support Systems 45(Copyright 2008, The Institution of Engineering and Technology): 164-179.

Anquetil, N., K. M. de Oliveira, et al. (2007). "Software maintenance seen as a knowledge management issue." Information and Software Technology 49(5): 515-529.

Antoniol, G., S. Gradara, et al. (2004). "Methodological issues in a CMM Level 4 implementation." Software Process Improvement and Practice 9(Copyright 2005, IEE): 33-50.

Arbaoui, S., J. C. Derniame, et al. (2002). "A comparative review of process-centered software engineering environments." Annals of Software Engineering 14: 311-340.

Asubel, D. P. (1963). The psychology of meaningful verbal learning. New York, Grune and Stratton.

Atkinson, C. and T. Kuhn (2001). The Essence of Multilevel Metamodeling. Proceedings of the 4th International Conference on The Unified Modeling Language, Modeling Languages, Concepts, and Tools, Springer-Verlag.

Atkinson, D. C., D. C. Weeks, et al. (2004). The design of evolutionary process modeling languages, Los Alamitos, CA, USA, IEEE Comput. Soc.

Avison, D. E. (1991). "MERISE: a European methodology for developing information systems." European Journal of Information Systems 1(Copyright 1992, IEE): 183-191.

Baddoo, N. and T. Hall (2003). "De-motivators for software process improvement: an analysis of practitioners' views." Journal of Systems and Software 66(Copyright 2004, IEE): 23-33.

Bandinelli, S., M. Braga, et al. (1994). The architecture of the SPADE-1 Process-Centered SEE. Software Process Technology: 15-30.

Bandinelli, S. and A. Fuggetta (1993). Computational reflection in software process modeling: The SLANG approach, Los Alamitos, CA, USA, IEEE Comput. Soc. Press.

Bandinelli, S., A. Fuggetta, et al. (1993). Process modeling in-the-large with SLANG, Los Alamitos, CA, USA, IEEE Comput. Soc. Press.

Barros, M. O., C. M. L. Werner, et al. (2004). "Supporting risks in software project management." Journal of Systems and Software 70(1-2): 21-35.

Basili, V., P. Costa, et al. (2002). An experience management system for a software engineering research organization. Proceedings of 26th Software Engineering Workshop, 27-29 Nov. 2001, Los Alamitos, CA, USA, IEEE Comput. Soc.

Beck, K. and C. Andres (2004). Extreme Programming Explained: Embrace Change, 2 ed, Addison-Wesley.

Belkhatir, N. and W. L. Melo (1994). "Supporting software development processes in Adele 2." Computer Journal 37(7): 621-638.

Belkhatir, N. and W. L. Melo (1994). "Supporting software development processes in Adele 2." Computer Journal 37(7): 621-628.

Bendraou, R., M. P. Gervais, et al. (2005). UML4SPM: A UML 2.0-based metamodel for software process modeling. Model Driven Engineering Languages and Systems. 8th International Conference, MODELS 2005. Proceedings, Montego Bay, Jamaica, Springer-Verlag.

Bjørnson, F. O. and T. Dingsøyr (2008). "Knowledge management in software engineering: A systematic review of studied concepts, findings and research methods used." Information and Software Technology 50(11): 1055-1068.

Boehm, B. and R. Turner (2003). "People Factors in Software Management: Lessons From Comparing Agile and Plan-Driven Methods." The Journal of Defense Software Engineering: 1-5.

Boehm, B. W. (1991). "Software risk management: principles and practices." IEEE Software 8(1): 32-41.

Booch, G. (1993). Object-Oriented Analysis and Design with Applications (2nd Edition), Addison-Wesley Professional.

Brinkkemper, S. (1996). "Method engineering: engineering of information systems development methods and tools." Information and Software Technology 38(4): 275-280.

Brinkkemper, S., M. Saeki, et al. (1999). Meta-modelling based assembly techniques for situational method engineering, UK, Elsevier.

Brooks, F. (1975). The Mythical Man-Month.

Chiang, E. and T. Menzies (2002). "Simulations for very early lifecycle quality evaluations." Software Process Improvement and Practice 7(3-4): 141-159.

Chou, S.-C., W.-C. Hsu, et al. (2005). "DPE/PAC: decentralized process engine with product access control." J. Syst. Softw. 76(3): 207-219.

Chrissis, M. B., M. Konrad, et al. (2008). CMMI: Guide des bonnes pratiques pour l'am'lioration des processus; 2ed., Addison-Wesley Professional; 2 ed.

Chulani, S., B. Boehm, et al. (1999). "Bayesian analysis of empirical software engineering cost models." IEEE Transactions on Software Engineering 25(Copyright 1999, IEE): 573-583.

Cockburn, A. (2004). Crystal Clear: A Human-Powered Methodology for Small Teams, 1 ed., Addison-Wesley.

Coleman, G. and R. O'Connor (2008). "Investigating software process in practice: A grounded theory perspective." Journal of Systems & Software 81(Copyright 2008, The Institution of Engineering and Technology): 772-784.

Conradi, R. and L. Chunnian (1998). Revised PMLs and PSEEs for industrial SPI. Object-Oriented Technology. ECOOP'97 Workshop Reader. ECOOP'97 Workshops. Proceedings, Jyvaskyla, Finland, Springer-Verlag.

Conradi, R., B. P. Munch, et al. (1996). "Integrated product and process management in EPOS." Integrated Computer-Aided Engineering 3(1): 5-19.

Consortium, D. and J. Stapleton (2003). DSDM: Business Focused Development, Second Edition Pearson Education.

Cregut, X. and B. Coulette (1997). "PBOOL: an object-oriented language for definition and reuse of enactable processes." Software-Concepts and Tools 18(2): 47-62.

Curtis, B. (1989). Three problems overcome with behavioral models of the software development process, Piscataway, NJ, USA, Publ by IEEE.

Curtis, B., M. I. Kellner, et al. (1992). "Process modeling." Commun. ACM 35(9): 75-90.

Dakhli, S. and M. Ben Chouikha (2009). The knowledge-gap reduction in software engineering, Piscataway, NJ, USA, IEEE.

Davenport, T. H. and L. L. Prusak (1998). Working Knowledge: How Organizations Manage What They Know. Boston, USA, Harvard Business School Press.

Deiters, W. and V. Gruhn (1990). Managing software processes in the environment MELMAC, USA.

Derniame, J. C. and F. Oquendo (2004). "Key issues and new challenges in software process technology." UPGRADE: The European Journal for the Informatics Professional 5(5).

Di Nitto, E., L. Lavazza, et al. (2002). Deriving executable process descriptions from UML. Proceedings of the 24th International Conference on Software Engineering. ICSE 2002, Orlando, FL, ACM.

Dowson, M. (1987). Iteration in the Software Process. Proceedings of the 3rd International Software Process Workshop, Washington, DC, USA, IEEE Comput. Soc. Press.

Eclipse.org (2007) "The Eclipse Process Framework Composer :EPF Composer."

El Emam, K., P. Fusaro, et al. (1999). Success factors and barriers for software process improvement, Tully, C., Messnarz,R, Better Software Practice For Business Benefit: Principles and Experience. IEEE Computer Society Press, Silver Spring, MD.

Elmaghraby, S. E. (2005). "On the fallacy of averages in project risk management." European Journal of Operational Research 165(Copyright 2005, IEE): 307-313.

EPF_Composer "Eclipse Process Framework Composer."

Evermann, J. and Y. Wand (2005). "Ontology based object-oriented domain modelling: fundamental concepts." Requirements Engineering 10(Copyright 2005, IEE): 146-160.

Fayad, M. E., M. Laitinen, et al. (2000). "Thinking objectively: software engineering in the small." Commun. ACM 43(3): 115-118.

Finkelstein, A., J. Kramer, et al. (1994). "Software process modelling and technology." Commun. ACM.

Firesmith, D. and B. Henderson-Sellers (2001). The OPEN Process Framework: An Introduction, Addison-Wesley Professional

Frank, U. (2002). Multi-perspective enterprise modeling (MEMO) conceptual framework and modeling languages, Los Alamitos, CA, USA, IEEE Comput. Soc.

Fujitsu. (2000). "Macroscope." from http://www.fujitsu.com/ca/en/services/consulting/method/.

Garcia, F., M. Piattini, et al. (2004). FMESP: framework for the modeling and evaluation of software processes. Proceedings of the 2004 workshop on Quantitative techniques for software agile process. Netherlands, ACM. **52:** 627-639.

Gerbe, O. and G. W. Mineau (2002). The CG formalism as an Ontolingua for Web-oriented representation languages. Conceptual Structures: Integration and Interfaces. 10th International Conference on Conceptual Structures, ICCS 2002. Proceedings, 15-19 July 2002, Berlin, Germany, Springer-Verlag.

Gonzalez-Perez, C. and B. Henderson-Sellers (2005). "A comparison of four process metamodels and the creation of a new generic standard." Information and Software Technology **47**(1): 49-65.

Gonzalez-Perez, C. and B. Henderson-Sellers (2007). "Modelling software development methodologies: A conceptual foundation." Journal of Systems and Software **80**(11): 1778-1796.

Gruber, T. R. (1993). "A translation approach to portable ontology specifications." Knowl. Acquis. **5**(2): 199-220.

Gruber, T. R. (1995). "Toward principles for the design of ontologies used for knowledge sharing." International Journal of Human-Computer Studies **43**(5-6): 907-928.

Gruninger, M. and L. Jintae (2002). "Ontology applications and design." Communications of the ACM **45**(Copyright 2002, IEE): 39-41.

Guizzardi, G., H. Heinrich, et al. (2002). On the general ontological foundations of conceptual modelling, Berlin, Germany, Springer-Verlag.

Hansen, B. H. and K. Kautz (2004). Knowledge mapping: A technique for identifying knowledge flows in software organisations. European conference on software process improvement (EuroSPI).

Harmsen, F., S. Brinkkemper, et al. (1994). A language and tool for the engineering of situational methods for information systems development, Kranj, Slovenia, Moderna Organizacija.

Harmsen, F., S. Brinkkemper, et al. (1994). Situational method engineering for information system project approaches, Netherlands.

Henderson-Sellers, B. (1998). Towards the formalization of relationships for object modelling. Proceedings Technology of Object-Oriented Languages and Systems TOOLS 25, 24-28 Nov. 1997, Los Alamitos, CA, USA, IEEE Comput. Soc.

Henderson-Sellers, B. (2001). Some problems with the UML V1.3 metamodel. Proceedings of Hawaii International Conference on System Sciences. HICSS-34, 3-6 Jan. 2001, Los Alamitos, CA, USA, IEEE Comput. Soc.

Henderson-Sellers, B. (2007). On the Challenges of Correctly Using Metamodels in Software Engineering. Proceeding of the 2007 conference on New Trends in Software Methodologies, Tools and Techniques: Proceedings of the sixth SoMeT_07, IOS Press.

Heym, M. and H. Osterle (1993). "Computer-aided methodology engineering." Information and Software Technology **35**(6-7): 345-354.

Hofstede, A. H. M. and T. F. Verhoef (1997). "On the feasibility of situational method engineering." Information Systems **22**(6-7): 401-422.

Horridge, M., et al. (2004) "Practical Guide To Building OWL Ontologies Using Protégé 4 and CO-ODE Tools."

Host, M., B. Regnell, et al. (2000). "Using students as subjects - a comparative study of students and professionals in lead-time impact assessment." Empirical Software Engineering **5**(Copyright 2001, IEE): 201-214.

Huang, S.-J. and W.-M. Han (2008). "Exploring the relationship between software project duration and risk exposure: A cluster analysis." Inf. Manage. **45**(3): 175-182.

Humphrey, W. and P. Feiler (1992) "Software Process Development and Enactment: Concepts and Definitions." Tec Rep CMU/SEI-92-TR-004, 33.

ISO/IEC (2006). "Software Engineering — Software Life Cycle Processes — Maintenance." International Standard ISO/IEC 14764.

ISO/IEC (2007) "ISO/IEC 24744: Software Engineering Metamodel for Development Methodologies (SEMDM)."

Jarke, M., J. Mylopoulos, et al. (1992). "DAIDA: an environment for evolving information systems." ACM Transactions on Information Systems **10**(1): 1-50.

Jian, Z., Y. Qiusong, et al. (2009). Stochastic process algebra based software process simulation modeling, Berlin, Germany, Springer-Verlag.

Jian, Z., Y. Qiusong, et al. (2009). Stochastic process algebra based software process simulation modeling, Berlin, Germany, Springer-Verlag.

Jiang, J. J., G. Klein, et al. (2004). "An exploration of the relationship between software development process maturity and project performance." Inf. Manage. **41**(3): 279-288.

Jouault, F. and J. Bezivin (2006). KM3: a DSL for metamodel specification. Formal Methods for Open Object-Based Distribution Systems. 8th IFIP WG 6.1 International Conference, FMOODS 2006. Proceedings, Bologna, Italy, Springer-Verlag.

Junchao, X., L. J. Osterweil, et al. (2007). "Applying little-JIL to describe process-agent knowledge and support project planning in soft PM." Software Process: Improvement and Practice **12**(5): 437-448.

Junkermann, G., B. Peuschel, et al. (1994). MERLIN: supporting cooperation in software development through a knowledge-based environment. Software process modelling and technology, Research Studies Press Ltd.: 103-129.

Karagiannis, D. and H. Kuhn (2002). Metamodelling platforms, Berlin, Germany, Springer-Verlag.

Kautz, K. and P. A. Nielsen (2000). Implementing software process improvement: two cases of technology transfer. Proceedings of HICSS33: Hawaii International Conference on System Sciences, 4-7 Jan. 2000, Los Alamitos, CA, USA, IEEE Comput. Soc.

Kellner, M. I. (1989). Representation formalisms for software process modeling. `Representing and Enacting the Software Process'. Proceedings of the 4th International Software Process Workshop (Cat. No.88TH0211-3), Moretonhampstead, UK, ACM.

Kellner, M. I., P. Feiler, et al. (1991). ISPW-6 Software Process Example. 6th International Conference on the Software Process.

Kellner, M. I., R. J. Madachy, et al. (1999). Software process simulation modeling: Why? What? How?, USA, Elsevier.

Kelly, S., K. Lyytinen, et al. (1996). Meta Edit+: A fully configurable, multi-user and multi-tool CASE and CAME environment. Proceedings of the CAiSE'96 Conference, 20-24 may, Heraklion, Crete, Greece, Springer Verlag.

Kerzazi, N. (2010). Gestion des risques dans la modélisation d'un processus de développement logiciel utilisant la simulation Monte-Carlo. Congès de l'ACFAS.

Kerzazi, N., M. Lavallée, et al. (2010). Mapping Knowledge into Software Process ICCGI. Valence, Spain.

Kerzazi, N. and P.-N. Robillard (2010). Multi-Perspective Software Process Modeling. 8th ACIS International Conference on Software Engineering Research, Management and Applications (SERA 2010). Montréal, Canada. 1: 85-92.

Ko, A. J., B. A. Myers, et al. (2006). "An exploratory study of how developers seek, relate, and collect relevant information during software maintenance tasks." IEEE Transactions on Software Engineering 32(Copyright 2007, The Institution of Engineering and Technology): 971-987.

Kruchten, P. (2003). The Rational Unified Process: An Introduction (3rd Edition), Addison-Wesley.

Kumar, K. and R. J. Welke (1992). Methodology Engineering: A Proposal for situation-Specific Methodologies Construction, John Wiley & Sons.

Lehmann, F. (1992). Semantic Networks in Artificial Intelligence, Elsevier Science Inc.

Markus, M. L., A. Majchrzak, et al. (2002). "A design theory for systems that support emergent knowledge processes." MIS Quarterly 26(3): 179-212.

Meso, P., G. Madey, et al. (2006). "The knowledge management efficacy of matching information systems development methodologies with application characteristics-an experimental study." Journal of Systems and Software 79(1): 15-28.

Metropolis, N. and S. Ulam (1949). "The Monte Carlo Method." Journal of the American Statistical Association 44 (247): 335-341.

Nelson, R. R. and S. G. Winter (1985). An Evolutionary Theory of Economic Change, Belknap Press of Harvard University Press.

Niazi, M. and M. A. Babar (2009). "Identifying high perceived value practices of CMMI level 2: an empirical study." Information and Software Technology 51(Copyright 2009, The Institution of Engineering and Technology): 1231-1243.

Niknafs, A. and R. Ramsin (2008). Computer-Aided Method Engineering: An Analysis of Existing Environments. Advanced Information Systems Engineering: 525-540.

Nonaka, I. and H. Takeuchi (1995). The Knowledge-Creating Company: How Japanese Companies Create the Dynamics of Innovation, Oxford University Press, USA.

Novak, J. D. and A. J. Cañas (2008). "The Theory Underlying Concept Maps and How to Construct Them." Technical Report IHMC CmapTools 2006-01 Rev 01-2008, Florida Institute for Human and Machine Cognition, available at: http://cmap.ihmc.us/Publications/ResearchPapers/TheoryUnderlyingConceptMaps.pdf.

Noy, N. R. (2004). "Semantic integration: a survey of ontology-based approaches." SIGMOD Record 33(4): 65-70.

Odell, J. (1994). "Power Types " Journal of Object-Oriented Programming 7(2): 8-12.

OMG (2008). "Software Process Engineering Metamodel Specification, SPEM v2.0." http://www.omg.org/spec/SPEM/2.0/PDF.

OMG:MDA (2003) "MDA Guide V1.0.1, document." omg/03-06-01.

OMG:SPEM (2008). Software & Systems Process Engineering Meta-Model Specification. Version 2.0. Final Adopted Specification.

OMG:UML (2007). UML 2.1.1 Superstructure Specification, Document formal/2007-02-05.

OPEN_Consortium (2009). OPEN Process Framework.

Osellus (2005) "IRIS."

Osterweil, L. J. (1997). Software processes are software too, revisited. 19th International Conference on Software Engineering (ICSE 97), Boston, MA, ACM.

Palmer, S. and M. Felsing (2002). A Practical Guide to Feature-Driven Development, Prentice Hall PTR.

Papurt, D. M. (1994). The Object Model: Attribute and Association. R. o. O. A. Design. 1: 14-17.

Park, S.-h., K. Hyeonjeong, et al. (2008). "Developing a software process simulation model using SPEM and analytical models." International Journal of Simulation & Process Modelling 4(3-4): 223-236.

Paulk, M. C. (1999). "Using the Software CMM with Good Judgment." ASQ Software Quality Professional 1(3): 19-29.

Paulk, M. C., C. V. Weber, et al. (1993). Key Practices of the Capability Maturity Model, Version 1.1. Tech. Rept. CMU/SEI-93-TR-25, Software Engineering Institute, Carnegie Mellon University, Pittsburgh, Pennsylvania, February 1993.

Pfahl, D. and K. Lebsanft (1999). Integration of system dynamics modelling with descriptive process modelling and goal-oriented measurement, USA, Elsevier.

Pfahl, D. and K. Lebsanft (1999). Integration of system dynamics modelling with descriptive process modelling and goal-oriented measurement, USA, Elsevier.

Pfahl, D. and G. Ruhe (2002). "IMMoS: a methodology for integrated measurement, modelling and simulation." Software Process Improvement and Practice 7(3-4): 189-210.

Pino, F., F. Garcia, et al. (2008). "Software process improvement in small and medium software enterprises: a systematic review." Software Quality Journal 16(Copyright 2009, The Institution of Engineering and Technology): 237-261.

PMI (2008). A Guide to the Project Management Body of Knowledge, Project Management Institute; 4 edition.

Polanyi, M. (1966). The Tacit Dimension, First published Doubleday & Co, 1966. Reprinted Peter Smith, Gloucester, Mass, 1983. Chapter 1: "Tacit Knowing".

Prahalad, C. K. and G. Hamel (1990). "The Core Competence of the Corporation." Harvard Business Review 68(3): 79-91.

Prakash, N. and S. B. Goyal (2008). Method architecture for situational method engineering, Piscataway, NJ, USA, IEEE.

Raffo, D. M. and M. I. Kellner (2000). "Empirical analysis in software process simulation modeling." Journal of Systems and Software 53(1): 31-41.

Ralyte, J. and C. Rolland (2001). An assembly process model for method engineering, Berlin, Germany, Springer-Verlag.

Reis, C. A. L., R. Q. Reis, et al. (2002). Using graph transformation as the semantical model for software process execution in the APSEE environment, Berlin, Germany, Springer-Verlag.

Robillard, M. P., W. Coelho, et al. (2004). "How effective developers investigate source code: an exploratory study." IEEE Transactions on Software Engineering 30: 889-903.

Robillard, P. (1999). "The role of knowledge in software development." Communications of the ACM 42(1): 87-93.

Robillard, P. N., N. Kerzazi, et al. (2007). Outsourcing software maintenance: processes, standards critical practices. 2007 Canadian Conference on Electrical and Computer Engineering, 22-26 April 2007, Piscataway, NJ, USA, IEEE.

Rolland, C. (1998). A comprehensive view of process engineering. Advanced Information Systems Engineering. 10th International Conference, CAiSE'98, Pisa, Italy, Springer-Verlag.

Roy, G. G. (2004). A risk management framework for software engineering practice, Los Alamitos, CA, USA, IEEE Comput. Soc.

Royce, W. W. (1987). Managing the development of large software systems, Washington, DC, USA, IEEE Comput. Soc. Press.

Rumbaugh, J., I. Jacobson, et al. (2004). The Unified Modeling Language Reference Manual (2nd Edition), Addison-Wesley Professional.

Rus, I. and M. Lindvall (2002). "Knowledge management in software engineering." Software, IEEE 19(3): 26-38.

Salton, G., A. Wong, et al. (1975). "A vector space model for automatic indexing." Communications of the ACM 18(11): 613-620.

Schwaber, k. (2004). Agile Project Management with Scrum, Microsoft Press.

SEI (2006). CMMI for Development, V1.2, www.sei.cmu.edu/library/assets/cmmi-dev-v12-fr.pdf.

Seidewitz, E. (2003). "What models mean." IEEE Software 20(5): 26-32.

Seidita, V., L. Sabatucci, et al. (2006). MetaMeth A Tool For Process Definition And Execution. Workshop from Objects to Agents (WOA).

Seung Hun, P., C. Keung Sik, et al. (2008). Deriving software process simulation model from SPEM-based software process model, Piscataway, NJ, USA, IEEE.

Seunghun, P., K. Hyeonjeong, et al. (2008). "Developing a software process simulation model using SPEM and analytical models." International Journal of Simulation & Process Modelling 4(3-4): 223-236.

Si-Said, S., C. Rolland, et al. (1996). MENTOR: a computer aided requirements engineering environment, Berlin, Germany, Springer-Verlag.

Snoeck, M. and G. Dedene (1998). "Existence dependency: The key to semantic integrity between structural and behavioral aspects of object types." IEEE Transactions on Software Engineering 24(Copyright 1998, IEE): 233-251.

Sowa, J. (1999). Conceptual graphs: draft proposed American National Standard. Proceedings of Seventh International Conference on Conceptual Structures. Knowledge Science and Engineering with Conceptual Structures, 12-15 July 1999, Berlin, Germany, Springer-Verlag.

Standish-Group (2004). The Standish Group International, Inc., Third Quarter Research Report. M. West Yarmouth.

Stanley, M. and S. M. Sutton (1991). APPL/A: a prototype language for software-process programming, University of Colorado at Boulder.

Staples, M. and M. Niazi (2008). "Systematic review of organizational motivations for adopting CMM-based SPI." Information and Software Technology 50(Copyright 2008, The Institution of Engineering and Technology): 605-620.

Staples, M., M. Niazi, et al. (2007). "An exploratory study of why organizations do not adopt CMMI." Journal of Systems and Software 80(Copyright 2007, The Institution of Engineering and Technology): 883-895.

Stelzer, D. and W. Mellis (1998). "Success factors of organizational change in software process improvement." Software Process Improvement and Practice **4**(Copyright 2000, IEE): 227-250.

Sutton, S. M. and L. J. Osterweil (1997). The Design of a Next-Generation Process Language. ESEC/ACM Foundations of Software Engineering Symposium, Springer.

Van Slooten, K. and B. Hodes (1996). "Characterising IS development project." IFIP WG 8.1 Conf. on Method Engineering, Chapman and Hall: 29-44.

van Solingen, R. (2004). "Measuring the ROI of software process improvement." IEEE Software **21**(Copyright 2004, IEE): 32-48.

Wand, Y. (1996). "Ontology as a foundation for meta-modelling and method engineering." Information and Software Technology **38**(Copyright 1996, IEE): 281-287.

Wand, Y. and R. Weber (1993). "On the ontological expressiveness of information systems analysis and design grammars." Journal of Information Systems **3**: 217-237.

Wang, Y. (2006). On concept algebra and knowledge representation. 5th IEEE International Conference on Cognitive Informatics, ICCI, Los Alamitos, USA, IEEE Comput. Soc.

Ward, J. and A. Aurum (2004). Knowledge management in software engineering - describing the process, Los Alamitos, CA, USA, IEEE Comput. Soc.

Wilkie, F. G., D. McFall, et al. (2005). "An evaluation of CMMI process areas for small-to-medium-sized software development organisations." Software Process Improvement and Practice **10**(Copyright 2005, IEE): 189-201.

Winston, M. E., R. Chaffin, et al. (1987). "A taxonomy of part-whole relations." Cognitive Science **11**(Copyright 1988, IEE): 417-444.

Wohlin, c., P. Runeson, et al. (2000). Experimentation in Software Engineering: An Introduction London, UK.

Wu, Y. P., Q. P. Hu, et al. (2006). Detection and correction process modeling considering the time dependency, Los Alamitos, CA, USA, IEEE Comput. Soc.

Yingxu, W. (2009). Toward a formal knowledge system theory and its cognitive informatics foundations. Transactions on Computational Science. V. Berlin, Germany, Springer Verlag: 1-19.

Zamli, K. Z. and P. Lee (2002). Exploiting a virtual environment in a visual PML. Product Focused Software Process Improvement. 4th International Conference, PROFES 2002. Proceedings, Rovaniemi, Finland, Springer-Verlag.

Zamli, K. Z. and P. A. Lee (2001). Taxonomy of process modeling languages. Proceedings ACS/IEEE International Conference on Computer Systems and Applications, Lebanon, IEEE Comput. Soc.

Annexe 1 – Approches de formalisation des sémantiques

Annexe 1 : Approches de formalisation des sémantiques

La littérature rapporte plusieurs formalismes pour la méta-modélisation, nous présentons quelques-uns dans cette annexe :

Réseaux sémantiques

Dans le domaine de l'intelligence artificielle, les réseaux sémantiques est une des approches pour représenter une abstraction du modèle avec un méta-modèle consiste en l'utilisation de graphe à base de nœuds et d'arcs. Les nœuds représentent différents concepts du domaine et les arcs représentent les types de liens qui peuvent exister entre les nœuds. Ce formalisme est appelé réseaux sémantiques (Lehmann, 1992).

La figure A-1 illustre un exemple d'un réseau sémantique. L'individu nommé Pierre travaille comme professeur pour l'organisation nommée Polytechnique.

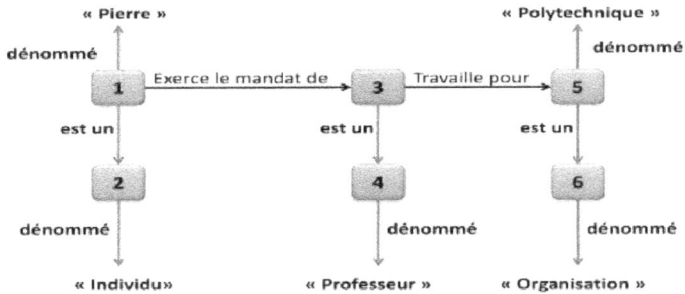

Figure A- 1 : Exemple de Réseau sémantique

Cette représentation est formelle vu qu'on ne peut raisonner que sur les concepts et les relations qui sont prédéfinis. Toutefois, si le domaine contient un grand nombre de concepts, le réseau devient complexe et moins expressif.

Graphes conceptuels GCs

Dans le domaine de la gestion des connaissances et intelligence artificielle, John Sowa a développé la théorie des graphes conceptuels (GCs) (Sowa, 1999). L'auteur propose que dans un GC, chaque concept du domaine soit représenté par un rectangle, chaque relation conceptuelle est représentée par un cercle, et les arcs relient les concepts et les relations. La figure A-2 représente un individu nommé Pierre qui travaille pour une organisation nommée polytechnique. Cette théorie inclut deux nouvelles propriétés importantes : l'existentialité (∃) et l'universalité (∀) afin d'appliquer des généralisations sur le GC.

Figure A- 2 : Exemple d'un Graphe conceptuel (GC)

Gerbé propose de dériver un langage spécifique pour la modélisation des méta-modèle basé sur les GC (Gerbe et Mineau, 2002). La figure A-3 tirée de (Gerbe et Mineau, 2002) représente le modèle conceptuel ontologique pour la représentation d'un méta-modèle avec le formalisme GC.

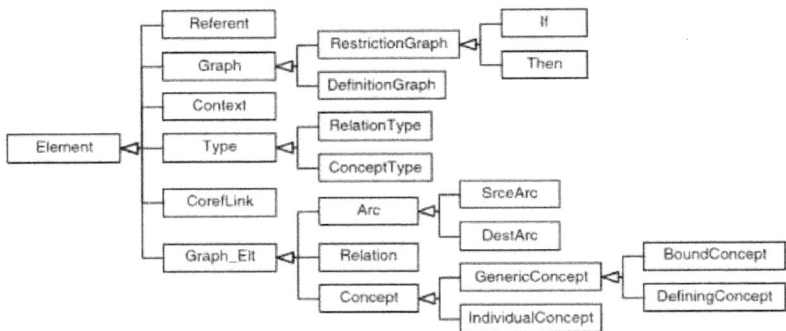

Figure A- 3 : Hiérarchie des types dans les graphes conceptuels (GSs)

Annexe 2 : précisions sur les autres vues générées par DSL4SPM

Cette section présente quelques vues générées automatiquement par l'outil DSL4SPM. Ces vues représentent visuellement lesdites perspectives de modélisation.

À titre d'exemple, suite à la modélisation des connaissances dans un MP, DSL4SPM peut générer de façon automatique une vue orientée flux de connaissance. La figure A-4 présente cette vue qui se base essentiellement sur les attributs « Cognitive Factor » et « Importance Level » que nous avons ajoutés au connecteur entre chaque tâche et les rôles qui la réalisent. Ainsi, le « Cognitive Factor » indique si par la réalisation de la tâche, le rôle est en train de se synchroniser (TT), d'externaliser (TE), d'acquérir (ET) ou de valider (EE). Cette taxonomie est inspirée du modèle de Nonaka et Takeuchi (Nonaka et Takeuchi, 1995).

Figure A- 4 : Vue orientée flux des connaissances

247

Une seconde vue, toujours basée sur la gestion des connaissances, présente le flux de connaissance avec l'objectif d'identifier certains motifs énoncés par les auteurs dans (Hansen et Kautz, 2004). Ces patrons au nombre de quatre : *Black Hole*, *Hub*, *Spring* et *Missing Link* permettent de constater la fluidité de la gestion des connaissances à travers les différentes phases du projet (ou processus dans ce cas). La Figure A- 5 illustre la détection de ces motifs.

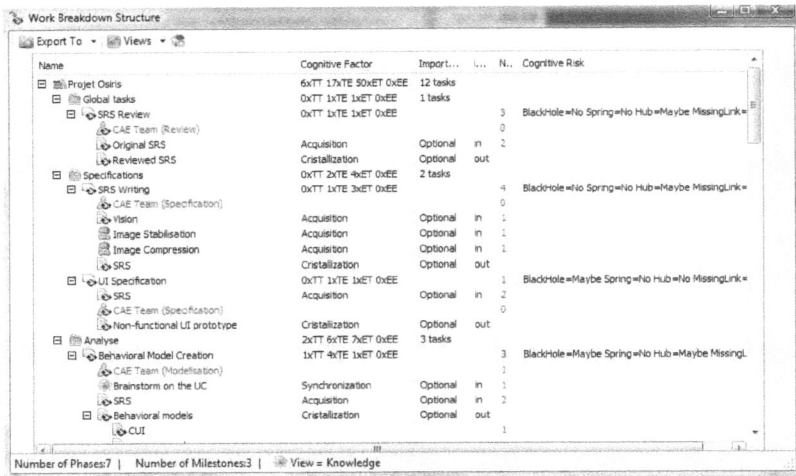

Figure A- 5 : Deuxième vue orientée flux de connaissance

La figure A-6 présente une vue opérationnelle du MP. Par vue opérationnelle, nous entendons une simulation stochastique du déroulement du processus. Cette simulation, basée sur la méthode Monte-Carlo, permet d'avoir une vue probabiliste sur la durée de chaque tâche et sa sensibilité par rapport à la durée totale prévue pour l'exécution du processus.

Ainsi, la Figure A- 6 présente, pour chaque tâche du processus, l'estimation initiale de la durée de réalisation de la tâche, une colonne qui représente si la tâche est critique ou non, et des colonnes qui représentent les marges indiquant le temps qu'une tâche peut être avancée ou retardée.

Figure A- 6 : Vue opérationnelle d'un MP

Comme on peut le constater sur cette annexe, il est possible de dresser de nouvelles vues dans le but de satisfaire un besoin particulier. Bien que SPEM ne supporte qu'une vue d'ordonnancement des activités, l'approche de modélisation que nous proposons permet, quant à elle, de modéliser d'autres préoccupations : gestion des connaissances, estimation probabiliste de la durée de réalisation du projet dans le cadre du processus modélisé.

Ces vues sont possibles grâce notamment au mécanisme de relations attribuées entre les composants du processus. Ces relations contiennent des attributs qui guident la sémantique vers des sens donnés.

Annexe 3 : Moteur de règles pour la validation

Pour des raisons de flexibilité, le moteur de règle a été déconnecté du projet. C'est un fichier XML interchangeable dont la structure est illustrée à la Figure A- 7. Ainsi, l'utilisateur peut définir, au début de la modélisation, ces règles de validation. Pour chaque règle, il fixe un niveau de sévérité (ex. Erreur, warning, message). Pendant la modélisation, et à tout moment, l'utilisateur peut demander une validation des règles sur le MP. Ainsi, le moteur de règles du système vérifie les règles prédéfinies sur le modèle et affiche toutes les erreurs avec un numéro et un lien qui pointe directement vers l'objet de la scène qui l'a déclenché.

Figure A- 7 : Description du fichier XML pour les règles de validation

À titre d'exemple, la ligne 15 définie une règle qui indique que toute tâche doit avoir un rôle qui lui soit lié. La ligne 31 indique un retour de message pour signaler que la tâche doit avoir au moins trois étapes.

Force est de signaler que dans le contexte pédagogique du cours LOG3000, ce moteur de règles a été utilisé par le chargé des laboratoires dans le but de corriger les travaux pratiques de modélisation des processus.

Annexe 4 : Questionnaire pour l'évaluation de la perspective GC

Le questionnaire suivant a été utilisé pour l'évaluation de la perspective de gestion des connaissances avec l'outil DSL4SPM. L'évaluation a été faite dans un environnement contrôlé pour une population de 20 étudiants de 4ième année qui suivaient le cours LOG3000 « Processus de génie logiciel ». En plus de deux équipes (respectivement 5 et 4 membres) impliquées dans la réalisation de deux projets cliniques de 4ième année.

Objectif : Évaluer l'applicabilité de la perspective de gestion de connaissance, telle que conçue dans l'outil DSL4SPM V 1.5, dans le cadre d'un projet de développement réel.

L'expérimentation doit se faire dans un environnement contrôlé (salle dédiée avec éventuellement une observation vidéo). La durée approximative pour chaque intervenant est de 30 min. La procédure de validation proposée tente de répondre aux deux questions suivantes :

Q1 : Pour l'ontologie proposée par défaut et pour un échantillon de 20 étudiants, quel serait le niveau d'agrément pour le choix des concepts de connaissance pour une tâche donnée, un rôle donné et des artéfacts donnés ? En d'autres mots quel serait le niveau de cohérence ?

Q2 : Est-ce qu'un utilisateur, avec une formation de base[1] sur l'outil, est en mesure d'identifier des non-appariements ou des incohérences, qui démontrent un défaut de connaissance, dans le mappage des concepts pour les entités rôle, activité et artefact ?

Étude de cas

---

[1] On entend par formation de base une présentation de 30 min avec un exercice de 15 min.

Pour pouvoir répondre à ces deux questions, le choix d'un cas non trivial s'impose. La procédure suivante est préconisée pour mener cette expérimentation :

Présenter aux personnes impliquées la perspective de modélisation avec un petit exemple, vers la fin de la séance de cours Log3000. Ensuite, planifier les disponibilités de chaque membre pour une séance de validation.

Designer un processus connu par les étudiants (ex. UPEDU ou OpenUp) en utilisant l'outil DSL4SPM

Fixer trois ou quatre tâches non triviales du processus (à partir de phase différente).

Demander à la moitié des intervenants d'identifier les concepts de connaissance nécessaires à la réalisation de la tâche. Ces concepts devront être choisis à partir de l'arbre de concepts par défaut (l'ontologie).

Demander à la deuxième moitié d'identifier les concepts pour le rôle principal (c.-à-d. pour ses rôles secondaires s'ils existent) et les artéfacts en entrée de la tâche.

Résultats attendus

Si tous les intervenants obtiennent exactement le même résultat et que ce résultat est trivial, nous pouvons conclure que les utilisateurs n'arrivent pas à faire la distinction. Une analyse plus poussée sera dirigée vers l'ontologie.

Les intervenants ne sont pas d'accord sur le choix des concepts. Si la divergence est grande, nous pouvons conclure que l'approche n'est pas applicable. L'analyse sera tournée vers la nécessité de l'expert. Possibilité de retourner à la théorie des systèmes experts pour expliquer le phénomène.

Nom :		Matricule :		Courriel:	

1. Les objectifs et la procédure de validation ont-ils été présentés clairement ?

| 1 | *Non satisfait* | 2 | *Moyennement satisfait* | 3 | *Satisfait* | 4 | *Très satisfait* |

2. Globalement êtes-vous satisfait de l'approche de modélisation « Knowledge » proposée ?

| 1 | *Non satisfait* | 2 | *Moyennement satisfait* | 3 | *Satisfait* | 4 | *Très satisfait* |

3. Si vous avez rencontré des problèmes, d'où venaient-ils ?

1- Arbre des concepts   2- Le choix des concepts   3- Procédurale/déclarative   4-Tableau-de-Bord

Précisez :

....

....

....

....

....

4. Arbre des concepts

4.1. Comment évaluez-vous l'arbre des concepts ? Est-il complet, bien structuré, répond-il au besoin ?

| 1 | *Non satisfait* | 2 | *Moyennement satisfait* | 3 | *Satisfait* | 4 | *Très satisfait* |

4.2. Comment évaluez-vous l'effort de choix des concepts ?

| 1 | *Négligeable* | 2 | *Convenable* | 3 | *Importante* | 4 | *Excessive* |

5. Le type procédural/déclaratif

5.1. Le sens des deux types (procédural/ déclaratif) est-il clair ?

| 1 | *Non satisfait* | 2 | *Moyennement satisfait* | 3 | *Satisfait* | 4 | *Très satisfait* |

5.2. Le choix de l'un des types (procédural/ déclaratif) est-il facile ?

| 1 | *Non satisfait* | 2 | *Moyennement satisfait* | 3 | *Satisfait* | 4 | *Très satisfait* |

6. Tableau de bord

6.1. Est-ce que le tableau de bord est satisfaisant pour un gestionnaire de processus et/ou projet ?

| 1 | *Non satisfait* | 2 | *Moyennement satisfait* | 3 | *Satisfait* | 4 | *Très satisfait* |

6.2. Est que le Tableau-de-Bord a permis de changer votre vision des processus de génie logiciel ?

| 1 | *Non satisfait* | 2 | *Moyennement satisfait* | 3 | *Satisfait* | 4 | *Très satisfait* |

6.3. Comment évaluez-vous l'effort de modélisation (depuis les choix des concepts jusqu'au tableau de bord) ?

| 1 | *Négligeable* | 2 | *Convenable* | 3 | *Important* | 4 | *Excessive* |

1. **Inscrivez deux aspects que vous appréciez dans la perspective « Knowledge » (utilité, niveau de difficulté, organisation, etc.)**

   - ....
   ....
   ....
   ....

   - ....
   ....
   ....
   ....

2. **Inscrivez deux aspects qui amélioreraient la perspective « Knowledge » de façon significative ?**

   - ....
   ....
   ....
   ....

   - ....
   ....
   ....
   ....

Annexe 5 : Description des pratiques CMMI

Le Tableau A- 1 décrit les domaines de processus du cadre CMMI qui ont été retenu pour notre étude exploratoire. Il s'agit de quatre domaines du niveau 2 et quatre du niveau 3.

Tableau A- 1: Description des buts spécifiques du cadre CMMI version 1.2

Niveau	Domaine	Pratique	Pratique SP	Intention
2 Discipliné	CM	CM1	CM 1.1	Identifier les éléments de configuration, les composants et les produits d'activité associés qui seront gérés en configuration.
			CM 1.2	Établir et maintenir un système de gestion de configuration et de gestion des modifications pour contrôler les produits d'activité.
			CM 1.3	Créer ou figer des référentiels pour utilisation interne et pour livraison au client.
		CM2	CM2.1	Suivre les demandes de modification aux éléments de configuration.
			CM 2.2	Contrôler les modifications aux éléments de configuration.
		CM3	CM 3.1	Établir et maintenir les enregistrements décrivant les éléments de configuration.
			CM3.2	Mener des audits de configuration pour maintenir l'intégrité des référentiels de configuration.
	PMC	PMC1	PMC 1.1	Surveiller les valeurs réelles des paramètres de planification de projet par rapport au plan de projet.
			PMC 1.2	Surveiller les engagements par rapport à ceux identifiés dans le plan de projet.
			PMC 1.3	Surveiller les risques par rapport à ceux identifiés dans le plan de projet.
			PMC1.4	Surveiller la gestion des données du projet par rapport au plan de projet.
			PMC 1.5	Surveiller l'implication des parties prenantes par rapport au plan de projet.
			PMC 1.6	Passer périodiquement en revue l'avancement, la performance et les problèmes du projet.
			PMC 1.7	Passer en revue les réalisations et les résultats du projet à des jalons de projet sélectionnés.
		PMC2	PMC 2.1	Recueillir et analyser les écarts et déterminer les actions correctives nécessaires pour les traiter.
			PMC 2.2	Prendre des actions correctives pour les écarts identifiés.
			PMC 2.3	Gérer les actions correctives jusqu'à clôture.
	PP	PP1	PP 1.1	Établir un découpage de haut niveau (WBS) pour faire l'estimation de la portée du projet.
			PP1.2	Établir et maintenir les estimations des attributs des produits d'activité et des tâches.

256

			PP 1.3	Définir les phases du cycle de vie du projet sur lesquelles la planification est faite.
			PP 1.4	Faire l'estimation de charge et de coût du projet pour les produits d'activité et les tâches en se basant sur une approche raisonnée.
		PP2	PP 2.1	Établir et maintenir le budget et le calendrier du projet.
			PP 2.2	Identifier et analyser les risques du projet.
			PP 2.3	Prévoir la gestion des données du projet.
			PP 2.4	Prévoir les ressources nécessaires pour réaliser le projet.
			PP 2.5	Prévoir les connaissances et compétences nécessaires à la réalisation du projet.
			PP 2.6	Prévoir l'implication des parties prenantes identifiées.
			PP 2.7	Établir et maintenir un plan dont le contenu couvre l'ensemble du projet.
		PP3	PP 3.1	Passer en revue tous les plans qui ont des répercussions sur le projet afin de comprendre les engagements sur le projet.
			PP 3.2	Mettre le plan de projet en cohérence avec les ressources disponibles par rapport aux ressources estimées.
			PP 3.3	Obtenir l'engagement des parties prenantes concernées qui sont responsables de réaliser le plan ou d'en soutenir la réalisation.
	REQM	REQM1	REQM 1.1	Développer une compréhension commune des exigences et de leur signification avec ceux qui les ont fournies.
			REQM 1.2	Obtenir des participants au projet leur engagement sur les exigences.
			REQM1.3	Gérer les modifications aux exigences au fur et à mesure de leur évolution en cours de projet.
			REQM1.4	Maintenir une traçabilité bidirectionnelle entre les exigences et les produits d'activité.
			REQM1.5	Identifier les incohérences entre les plans de projet et les produits d'activité d'une part, et les exigences d'autre part.
	PI	PI1	PI 1.1	Déterminer la séquence d'intégration des composants de produit.
			PI1.2	Établir et maintenir l'environnement nécessaire à l'intégration des composants de produit.
			PI1.3	Établir et maintenir les procédures et critères pour l'intégration des composants de produit.
		PI2	PI2.1	Passer en revue les descriptions d'interfaces pour s'assurer de leur couverture et de leur exhaustivité.
			PI2.2	Gérer les définitions des interfaces internes et externes entre les produits et les composants de produit, leurs conceptions et leurs modifications.
3 Ajusté		PI3	PI 3.1	Confirmer avant l'assemblage que chaque composant de produit requis pour assembler le produit a été correctement identifié, fonctionne conformément à sa description et que les interfaces des composants de produit sont conformes à leurs

			descriptions.
		PI 3.2	Assembler les composants de produit en accord avec la séquence d'intégration et les procédures disponibles.
		PI 3.3	Évaluer les composants de produit assemblés pour s'assurer de la compatibilité des interfaces.
		PI 3.4	Conditionner le produit ou le composant de produit assemblé et le livrer au client approprié.
TS	TS1	TS 1.1	Développer un éventail de solutions possibles et des critères de sélection.
		TS 1.2	Sélectionner les solutions pour les composants de produit qui satisfont le mieux les critères établis.
	TS2	TS 2.1	Concevoir le produit ou le composant de produit.
		TS 2.2	Établir et maintenir un ensemble de données techniques.
		TS 2.3	Concevoir les interfaces des composants de produit en s'appuyant sur des critères établis.
		TS 2.4	Évaluer si les composants de produit doivent être développés, achetés ou réutilisés en s'appuyant sur des critères établis.
	TS3	TS 3.1	Réaliser les composants de produit à partir de leur conception.
		TS 3.2	Développer et maintenir la documentation pour l'utilisation finale.
VAL	VAL1	VAL 1.1	Sélectionner les produits et les composants de produit à valider, ainsi que les méthodes de validation qui seront utilisées pour chacun.
		VAL 1.2	Établir et maintenir l'environnement nécessaire à la validation.
		VAL1.3	Établir et maintenir les procédures et les critères de validation.
	VAL2	VAL 2.1	Valider les produits et composants de produit sélectionnés.
		VAL 2.2	Analyser les résultats des activités de validation.
VER	VER1	VER 1.1	Sélectionner les produits d'activité qui seront vérifiés et les méthodes de vérification qui seront utilisées pour chacun.
		VER 1.2	Établir et maintenir l'environnement nécessaire à la vérification.
		VER 1.3	Établir et maintenir les procédures et les critères de vérification pour les produits d'activité sélectionnés.
	VER2	VER 2.1	Préparer les revues par les pairs des produits d'activité sélectionnés.
		VER 2.2	Mener des revues par les pairs sur les produits d'activité sélectionnés et identifier les problèmes détectés lors de ces revues.
		VER 2.3	Analyser les données portant sur la préparation, la conduite et les résultats des revues par les pairs.
	VER3	VER 3.1	Réaliser la vérification des produits d'activité sélectionnés.
		VER 3.2	Analyser les résultats de toutes les activités de vérification.

Annexe 6 : Mesure des propriétés techniques de l'outil DSL4SPM

L'outil DSL4SPM est composé de cinq projets groupés pour former la solution complète :

- *DSL* : Projet principal qui contient le méta-modèle, le code source et les formulaires.
- *DSLPackage* : Projet de support pour l'intégration à Visual Studio.
- *DSL4SPM_PackageSetup* : Projet avec les fichiers d'installation et d'intégration, à l'IDE Visual Studio, de tous les composants de la solution.
- *MethodContentExplorer* : Projet d'une fenêtre de visualisation des composants de processus prédéfinis dans des librairies spécifiques.
- *MathematicsUtility* : Projet DLL qui implémente les fonctions mathématiques pour la simulation Monte-Carlo.
- *Help* : un projet d'aide en ligne qui assiste contextuellement l'utilisateur pour la réalisation d'un ensemble de fonctionnalités.
- Fichiers externes : un ensemble de fichiers de configuration et de fichiers de contenu flexibles (format XML ou HTML).

Le Tableau A- 2 présente une synthèse de quelques métriques jugées pertinentes de l'outil DSL4SPM.

Tableau A- 2: Quelques métriques de l'outil DSL4SPM

Projet	Nb de classes	Nb de lignes de code	Ratio de commentaire (%)
DSL	607	43095	48
DSLPackage	8	2398	60
DSL4SPM_PackageSetup	6	588	*
MethodContentExplorer	3	348	0
MathematicsUtility	10	1182	34
Help	68	*	*
Fichiers externes	7	6046	*

www.ingramcontent.com/pod-product-compliance
Lightning Source LLC
Chambersburg PA
CBHW021931220326
41598CB00061BA/1016